Edition Blick Sonntags Blick Bestseller

Arthur Honegger

Die Fertigmacher

Blick/SonntagsBlick Bestseller-Edition Band 1

Arthur Honegger

Die Fertigmacher

Verdingt. Verprügelt. Versenkt.
Eine Jugend hinter Mauern

Mit 16 Seiten Bildern aus dem Schweizer Dokumentarfilm «Turi» von Lotti Wohlwend

Weltbild

Dieser Roman trägt autobiografische Züge. Mit Rücksicht auf lebende und verstorbene Personen wurden Namen und Orte geändert. Es geht in diesem Roman nicht um Personen oder bestimmte Institutionen. Die Absicht ist allein, Zustände und Systeme darzustellen, welche die Entwicklung jugendlicher Aussenseiter der Gesellschaft hemmten und gut gemeinte Absichten oft in das Gegenteil verkehrten.

Der Autor

Genehmigte Lizenzausgabe für
Weltbild Verlag GmbH, Baslerstrasse 47, CH-4609 Olten

ISBN 978-3-03812-195-4

Umschlaggestaltung und Reihenkonzeption:
HAUPTMANN UND KOMPANIE Werbeagentur, Zürich

Fotos mit freundlicher Genehmigung von Arthur Honegger
Filmfotos mit freundlicher Genehmigung von Lotti Wohlwend

2009 2008 2007
Die letzte Jahreszahl gibt die aktuelle Lizenzausgabe an.

Besuchen Sie uns im Internet: *www.weltbild.ch*

Inhaltsverzeichnis

Das Sofa

Wir knieten vor dem zerschlissenen Sofa, es roch nach kaltem Rauch der Toscanelli, die Vater sonntags rauchte. Er hatte die Gewohnheit, auf dem Sofa zu rauchen. Meist schlief er darüber ein, und die verglühende Asche kollerte über seine Weste auf das Sofa.

Über dem Sofa hing eine schwarze Wanduhr, die ein Schlagwerk wie der Big Ben hatte. Das fiel mir erst später, während des Krieges, auf, als die Nachrichtensendungen der BBC London mit dumpfen Glockenschlägen angekündigt wurden.

Dieses Sofa war fast ein Betstuhl. Wie oft musste ich mit meiner Pflegemutter davor niederknien und beten. Wenn frommer Besuch kam, Bruder Gottlieb von der Brüdergemeinde oder sonst ein Prediger, knieten wir vor diesem Sofa, vor dem ich kniend erfahren hatte, dass meine Mutter «die Strasse gemacht» habe und dann verschwunden sei. Meinen Pflegevater sah ich nie vor dem Sofa knien. Er ging nur sonntags zur Predigt. Gesprächig war er auch nicht, und ich glaubte es ihm lange nicht, dass er nicht mein richtiger Vater sei. Gewiss, er hatte einen eigenen Sohn. Aber zu jener Zeit, als ich in dieser Familie lebte, sprach er mit ihm kaum ein Wort.

Dieser Othmar, ein spindeldürrer Junge mit schmalem Gesicht und überlangen Armen, hatte vor meiner Zeit mit einem Mädchen etwas gehabt, das wie ich bei Vater und Mutter in Pflege gewesen war. Othmar ging mit ihr oft im Wald spazieren, zeigte ihr Tiere und Pflanzen.

An einem schulfreien Nachmittag fiel er im Eichholz über das Mädchen her. Mutter hatte es dem heulenden Mädchen nicht geglaubt.

«Das tut Othmar nicht, nein, so etwas tut Othmar nicht!», sagte sie immer wieder. Vater wollte in seinem Zorn Othmar schlagen; aber er war zu wenig schnell, und Othmar griff nach einem Küchenmesser und ging auf ihn los. Mutter konnte sich gerade noch dazwischenwerfen. Das Mädchen wurde weggebracht und kam erst Jahre später ins Dorf zurück.

Seither kam Vater mit Othmar nicht mehr aus. Er sprach nicht mehr mit ihm, und wenn es unbedingt sein musste, dann tat er es kalt und abweisend.

Mutter hatte grosse Hoffnungen auf ihren Sohn gesetzt. Othmar sollte das Gymnasium besuchen und Lehrer werden. Dafür betete sie inbrünstig vor dem Sofa und in der Brüdergemeinde; aber ihre Wünsche gingen nicht in Erfüllung. Othmar kam kaum in der Volksschule mit und begann später in der Maschinenfabrik eine Schlosserlehre. Danach arbeitete er lange Zeit als Gelegenheitsarbeiter in Gärtnereien und in einem Milchgeschäft. Schliesslich verschwand er aus dem Dorf. Niemand wusste, wo er sich aufhielt.

Ich erinnerte mich noch gut daran, als er eines Nachts ins Haus kam, nachdem er einige Tage unbemerkt im Schuppen mit den Kaninchenställen gehaust hatte. Er war unrasiert und stank nach Kaninchenmist.

Zweimal zuvor hatten Zettel im Haustürrahmen gesteckt. «Bitte um Geld», hatte er darauf gekritzelt. Mutter glaubte, es sei ein Landstreicher, der auch mit warmer Suppe und Schnaps zufrieden gewesen wäre. Mutter verbrachte öfters die halbe Nacht im kleinen Schuppen, um ungestört zu beten. Eines Nachts liess sie ein Rascheln im Kaninchenheu aufhorchen.

«Ist jemand da?»

Sie fragte noch einmal.

«Ja, ich», antwortete eine heisere Stimme. Aus dem Heu kroch die hagere Gestalt Othmars. Sie nahm ihn ins Haus, stellte Wasser auf den Herd, damit er sich waschen konnte. Sie fragte nichts, und er erzählte nichts.

Othmar blieb nicht lange im Haus. Er war arbeitslos, wie viele im Dorf. So arbeitete er bald da, bald dort bei Bauern oder Handwerkern. Manchmal wurde er von der Gemeinde an einen Baumeister gewiesen, um beim Bau einer Kanalisation mitzuhelfen. Doch das dauerte nie lange: «Wenn du die Schaufel nicht voll nehmen kannst, dann mach, dass du wegkommst. Hunderte warten auf deinen Platz, jeder davon ist glücklich, seine Schaufel ganz voll zu nehmen. Lass dir in der Baracke den Lohn auszahlen.»

Es dauerte bei Othmar meist nur zwei bis drei Tage, bis er seine Arbeit verlor. Dann fluchte er, machte seinem Zorn Luft und schlug sich mit anderen Arbeitslosen im Wirtshaus. Er schlief während Wochen mit mir im gleichen Zimmer. Manchmal erzählte er Zoten. Ich wagte nie, den Eltern etwas davon zu sagen. Damals wusste ich noch nicht, was er mit dem kleinen Mädchen getan hatte ...

So wie er gekommen war, verschwand er wieder: mitten in der Nacht. Monate wussten wir nichts von ihm, bis eines Tages Briefträger Bärtsch einen Brief brachte.

Er sei Gärtner in einem Hotel am Vierwaldstättersee, schrieb er, und habe endlich eine gut bezahlte Arbeit gefunden. Er schrieb immer öfter, er schrieb von einem «goldenen Elisi». Diese Elisi sei «das liebenswerteste Geschöpf», eine «Frau fürs Leben», und «mit einer Heirat müsst Ihr schon in den nächsten Wochen rechnen».

Mutter glaubte, das «goldene Elisi» sei schwanger, doch Othmar schrieb empört, dass das nicht wahr sei.

Vater kümmerte die Heirat nicht. Er schüttelte nur den Kopf, wenn vom «goldenen Elisi» die Rede war.

Eines Abends tauchten die beiden bei uns auf. Ich lag schon im Bett und wachte auf, als sie ankamen. Ich erkannte Othmars Stimme. Die andere Stimme musste das «goldene Elisi» sein. Ich freute mich auf den Morgen.

Wir sassen am Frühstückstisch. Mutter hatte mir Butter und Konfitüre aufs Brot gestrichen und mahnte mich zur

Eile. Ich sollte das Geschirr abwaschen und dann in die Schule gehen. Ich rutschte auf der Fensterbank hin und her. Schon zweimal hatte Mutter Othmar gerufen. Doch nichts rührte sich oben in der Kammer. Schliesslich hörte ich ein dumpfes Poltern. Ich hörte, wie die Türe des mittleren Schlafzimmers geöffnet wurde. Das Poltern näherte sich. Dann erschienen oben an der Treppe, die in die Küche herunterführte, zwei aufgeschwollene Füsse, dann gewaltige Beine und schliesslich ein dicker Körper mit einem fetten Kopf darauf. Die Tannenholztreppe knarrte, als die Frau langsam herunterstieg. Sie versuchte freundlich zu lächeln. Das «goldene Elisi» war der fetteste Mensch, den ich je gesehen hatte. Ihr Kopf ruhte in dicken Wülsten auf den breiten Schultern.

Ein flaumiger Bart wuchs auf ihrer Oberlippe, die kleinen Augen waren in Schlitzen versteckt.

«Guten Tag», sagte das «goldene Elisi» und ging gleich zum Ausguss, um sich die Hände zu waschen. Der Mutter verschlug der Anblick die Sprache. Auch ich hatte mir das «goldene Elisi» ganz anders vorgestellt. Mutter schickte mich in die Schule. «Abwaschen werden wir selber», sagte sie. Ich schob mich von der Bank, holte meinen Tornister und verschwand. In der Schule beschrieb ich meinen Kameraden die fette Braut Othmars. Am Nachmittag zogen sie an unserem Haus vorbei und warteten auf eine Gelegenheit, einen Blick auf das «goldene Elisi» zu werfen.

Othmar und Elisi wurden in aller Heimlichkeit und ohne kirchliche Feier getraut. Sie waren nur wenige Minuten mit zwei Zeugen beim Standesbeamten und verliessen dann das Gemeindehaus. Nach der Hochzeit wohnten sie in einer Pension, die der Maschinenfabrik gehörte, wo Othmar unterdessen Arbeit gefunden hatte.

Das «goldene Elisi» war der Albtraum der Familie. Streit gab es bei jeder Gelegenheit, und Mutter rief immer: «Wenn da nur keine Kinder kommen!»

Das Schloss

Ich war, ohne dass man mich oder meinen Pflegevater angehört hatte, für drei Jahre in eine Arbeitserziehungsanstalt eingewiesen worden. Mein Vormund stand neben mir im Tram, das von Schlieren nach Zürich fuhr. Am Stauffacher stiegen wir um und fuhren zur Selnau. Er löste die Billette für die Uetlibergbahn. Wir stiegen in den roten Wagen ein. Er sass stumm neben mir, starrte vor sich hin, sass einfach da. Dieser kleine, dicke Mann mit dem Zwicker auf der Nase schnarchte leise, als der Zug anfuhr, und schrak auf, als der Zug ruckartig bremste. Bei der Haltestelle Waldegg weckte ich ihn. Ich sagte: «Wir sind da.»

Es war September 1941. Was bedeutete für mich der Krieg an diesem Tag, an diesem grauen, nebligen und feuchten Tag. Die Äste der Bäume troffen vor Nässe, und die Blätter färbten sich an ihren Rändern gelb. Wir gingen auf dem schmalen Weg den Geleisen der Uetlibergbahn entlang und schwenkten auf die Strasse ein, die zur Anstalt führt. Mein Vormund lief mit kurzen Schritten keuchend neben mir her. Kurz nach dem Dorfausgang von Uitikon erblickte ich die Anstalt. Ein kahler Bau, langgezogen, auf einem Hügel, dutzende von Fenstern, alle gleich gross. Aus einem der vier Schornsteine quoll Rauch.

Am Fuss des Hügels standen eine grosse Scheune und gegenüber dem Holzschopf Stallungen. Viele Klafter Holz waren unter dem Dach aufgeschichtet. Der Platz zwischen Stallungen und Holzschopf war viereckig, Kuhmist lag darauf; vom Pferdestall her waren Rufe zu hören. Ein Zögling führte die Tiere an einem Leitseil und versuchte sie mit einer Peitsche anzutreiben. Aus dem Holzschopf klang das Schlagen der Spaltmaschine, und dazwischen ertönten Flüche. Wir gingen über den Platz und stiegen den geschwungenen Weg zur Anstalt hinauf. Am Rand des sauber gewischten Weges standen Sträucher und Birken, dazwischen blühten Herbstblumen.

Auf der linken Strassenseite standen Bänke und Tische, von mächtigen Linden überschattet.

Das grosse eiserne Tor war geöffnet. Auf beiden Seiten wuchsen in Beeten Astern. Ein Mann grüsste, wandte sich sofort wieder seiner Arbeit zu. Durch das Tor hindurch sah man auf den grossen Platz, mit einem Kopfsteinpflasterweg, der zum ehemaligen Schloss führte: eine grosse Fläche mit Kieselsteinen. Rechts davor lagen die Schlosserei und die Schreinerwerkstätte. Eine Kreissäge kreischte, auf einem Amboss wurde der Schmiedehammer angeschlagen. Und zwischen «Schloss» und Anstalt gab ein Torbogen den Blick auf weite Felder und einen Gemüsegarten frei. Das also war die Arbeitserziehungsanstalt. Drei Jahre sollte ich hier verbringen, in dem hohen Gebäude mit den vielen Fenstern schlafen, drüben im Speisesaal essen, auf den Feldern arbeiten, vielleicht in der Gärtnerei, vielleicht in der Schlosserei, in der Schreinerei oder in den Stallungen. Mein Vormund nahm mich am Arm. Er sagte: «Ich habe wenig Zeit.» Wir gingen über den gekiesten Platz, standen still, denn mein Vormund schien nicht zu wissen, wo er sich zu melden hatte. Er schaute zum Schloss und zur Anstalt hinüber.

Ein junger Mann, in Hemdsärmeln, eine Hacke in der Hand, kam auf uns zu. Ein Zögling, dachte ich. Diese Kleidung – schwarze Hose, weisses Hemd –, viel zu jung, um Aufseher zu sein.

«Sie wünschen?» fragte er und lächelte.

«Ich möchte, ich ...», begann mein Vormund und brach ab. Er konnte durch seinen Zwicker den jungen Mann vor sich kaum erkennen.

«Sie möchten wohl zum Direktor», sagte der Zögling. Er

führte uns über den Weg mit dem Kopfsteinpflaster zum «Schloss», öffnete die schwere Holztür mit dem Messingklopfer und liess uns ein.

Der Korridor hatte eine Schwingtüre, die in die grosse Halle führte. Eine breite Treppe mit geschnitztem Geländer führte nach oben.

Gleich rechts, nach der Schwingtüre, war eine Türe mit dem Schild «Büro». Der Zögling klopfte. Wir traten ein, der Zögling ging hinaus.

«Aha», sagte der Direktor, «unser Freund ist angekommen.»

Ich wusste nicht, wen er mit «unser Freund» meinte. Mein Vormund versuchte mit seinen kurzsichtigen Augen den Direktor zu erkennen und sagte: «Es tut mir leid, ich muss nahe an Sie herantreten. Ich sehe sehr schlecht.»

Der Direktor kam um den Schreibtisch herum und ergriff die Hand meines Vormunds. Ich sah zuerst nur Reitstiefel, Reithosen, ein grünes Hemd und eine braune Jacke. Er hatte ein rundes Gesicht, kleine Falten in den Augenwinkeln und angegraute Schläfen.

«Herr Zangger», sagte er, «nehmen Sie Platz. Und du», wandte er sich an mich, «setz dich auch.» Er ging hinter den Schreibtisch und setzte sich auf den Drehstuhl, genau unter das Bild des Generals Guisan.

Mein Vormund zog die Einweisungspapiere aus der Brusttasche und legte sie auf den Tisch.

«Hier sind die Papiere der Justizdirektion, wollen Sie bitte unterschreiben.»

Der Direktor setzte die Unterschrift unter eines der Dokumente, nachdem er sie gelesen hatte, reichte sie meinem Vormund zurück, der sie in die Brusttasche steckte.

«Nun», sagte der Direktor, «ich glaube, wir sollten uns noch ein wenig über unseren jungen Freund unterhalten.»

«Das ist nicht nötig», sagte der Vormund. «Es steht alles in den Akten. Ich habe genug darüber gesprochen.»

Der Direktor sagte knapp: «Wie Sie meinen. Wir werden uns also um den jungen Mann kümmern.»

Als ob er auf ein Stichwort gewartet hätte, erhob sich mein Vormund und verabschiedete sich.

Der Direktor wandte sich an mich: «Begleite deinen Vormund bis zum Tor. Dann komm zurück, ich habe noch mit dir zu reden.»

Ich verliess hinter dem Vormund das Gebäude und trottete neben ihm her bis zum Tor. Er kam ganz nahe an mich heran. Dann sagte er: «Jetzt bist du endlich da, wo du hingehörst.»

Er sagte nicht: Halte dich gut, dann wird alles besser. Er sagte nicht: Sei brav und gehorche. Er sagte nicht: Bete fleissig. Er sagte nur, bevor er sich, ohne mir die Hand zu geben, auf den Heimweg machte: «Du wirst noch im Zuchthaus enden.»

Herr Zangger ging mit kurzen Schritten langsam den Hügel hinab, vorsichtig auf den Strassenrand achtend.

Ich sah ihn nie mehr. Er besuchte mich kein einziges Mal. Er starb im dritten Jahr meiner Anstaltszeit.

Der Brand

«Du wirst im Zuchthaus enden...» Wie viele Male hatte ich das von ihm gehört.

Er sagte es jedesmal, wenn er mein Schulzeugnis unterschrieb.

Das erste Mal hatte er mir damit gedroht, als unser Geräteschuppen in Brand geraten war.

Es war in den Herbstferien. Wir spielten Militär – ich war damals neun Jahre alt.

In dem Schuppen stand ein kleiner Ofen. Vater hatte das Rohr mit Holzwolle verstopft, damit der Wind nicht in den kleinen Raum blase, in dem er schreinerte und Fensterläden strich. Wir versuchten, auf dem Ofen eine Suppe zu kochen. Meine Kameraden und ich standen um den Ofen herum und versuchten, Feuer zu machen. Wir bliesen ins Ofenloch, die Glut wurde grösser, Rauch quoll uns ins Gesicht, und dann zischte eine Stichflamme durch das Rohr und setzte das Dach in Brand. Wir schrien um Hilfe und rannten nach dem Gartenschlauch. Das Feuer breitete sich blitzschnell aus, die ersten Ziegel zerbrachen. Vater war zufällig zu Hause. Er kam angerannt, fluchte vor sich hin und half das Feuer zu löschen, bevor die Feuerwehr gerufen werden musste. Ein Bauer, der Vater meines Freundes Ernst, und der Gärtner von nebenan waren auch zu Hilfe gekommen. Der Dachstuhl des Schuppens war verkohlt, das nasse Heu für die Kaninchen und zerbrochene Ziegel lagen am Boden. Vater verbot uns, je wieder Feuer im Ofen zu machen; aber er strafte uns nicht.

Mutter hatte laut geschrien, als sie das Feuer sah, und mich, als alles vorbei war, verprügelt. Sie erzählte es auch meinem Vormund.

Wenige Wochen später musste ich ihn besuchen. Er wohnte in einem Haus im oberen Teil von Bachtann. Die Hälfte des Hauses war sein Eigentum, sechs Zimmer, mit alten Möbeln eingerichtet. Er hatte keine Kinder, und sein Handel mit Textilien blühte trotz der Wirtschaftskrise jener Jahre.

Ich hörte die Glocke im Korridor läuten, und seine Frau, die ich immer gut gemocht hatte, machte die Tür auf.

«Komm, er wartet bereits», sagte sie und führte mich in das Studierzimmer hinter dem Salon.

Mein Vormund sass am Schreibtisch, blickte kurz auf, als ich hereinkam. Er las in einem Schriftstück und beachtete mich in den nächsten Minuten nicht mehr.

Dann nahm er seinen Zwicker ab, hauchte die Gläser an und putzte sie.

«Setz dich, ich habe mit dir zu reden», sagte er, wies auf einen Stuhl, der in einigem Abstand vom Schreibtisch entfernt stand. Ich hatte Angst, weil ich keine Ahnung hatte, was er von mir wollte.

Er starrte mich die ganze Zeit an. Ich wusste damals nicht, dass er mich auf diese Distanz mit seinen schlechten Augen gar nicht richtig sehen konnte.

Ich wurde rot unter seinem Blick und senkte den Kopf.

«Brandstifter!» stiess er hervor. «So etwas kann nur dir einfallen, Häuser anzünden! Aber man muss nicht fragen, woher du das hast. Wenn du so weitermachst, endest du im Zuchthaus.»

Das war das erste Mal.

«Und jetzt gib mir das Zeugnis!»

Ich stand auf und gab ihm das dünne, in Leinen gefasste Büchlein. «Primarschule des Kantons Zürich» stand darauf. Er blätterte. Ich hatte gute Noten. Er starrte auf die aufgeschlagene Seite. Dann schaute er mich an und wieder ins Zeugnis.

«Deine Noten sind gut», begann er. «Aber darauf musst

du dir gar nichts einbilden. Wer Häuser anzündet, der endet im Zuchthaus, da nützen gute Noten gar nichts.»

Damals war ich neun Jahre alt. Gewiss, ich hatte schon von Leuten gehört, die man über Nacht ins Spritzenhaus eingesperrt hatte, damit sie ihren Rausch ausschlafen. Vom Zuchthaus hatte ich nie etwas gehört, und ich konnte mir auch nichts darunter vorstellen.

«Das Zuchthaus ist ein grosses Gefängnis», erklärte er mir. «Man muss dort hart arbeiten, man steckt die Häftlinge in eine tiefe Grube, in die Wasser fliesst. Wer da nicht ertrinken will, muss fleissig Wasser schöpfen. Wenn einer ertrinkt, vernimmt das kein Mensch.»

Ich brach in Tränen aus und heulte so laut, dass er mich anschrie: «Hör doch endlich auf zu heulen, du Idiot, du Zuchthäusler.»

Ich starrte auf meinen Vormund, der nur wenig grösser war als ich. Ich stand da, und meine Augen waren blind von Tränen.

«Und jetzt mach, dass du nach Hause kommst!»

Auf der andern Seite der Strasse stand der invalide Schneidermeister Zimmermann vor seinem Haus. Er sah, dass ich weinte, und rief ins Haus: «Dem hat's der Zangger gezeigt!»

Seine Frau sah aus dem Fenster und meinte: «Der Zangger wird wissen, was er tut.»

Alle, die ich auf dem Heimweg traf, glaubten, mein Vormund hätte mich verprügelt. Aber Herr Zangger war zuckerkrank. Er hatte nicht die Kraft zum Prügeln. Er hatte nur gesagt: Du endest im Zuchthaus.

Ich lief an unserem Haus vorbei, rannte zur Scheune, wo mein Freund wartete. Ernst war jünger als ich, aber er wusste mehr, denn er hatte ältere Schwestern.

«Komm, gehen wir zu den Hühnern», sagte er.

Wir rannten um die Scheune herum, an der Linde vorbei zum grossen Hühnergehege.

«Also, was ist? Hast du Prügel bekommen?»

Ich heulte los. «Nein, aber der Vormund hat gesagt, ich würde im Zuchthaus enden.»

«Was ist denn das?» fragte er.

«Ich weiss es nicht. So eine Art grosses Spritzenhaus, wo Leute eingesperrt werden, die Wasser schöpfen müssen, bis sie ertrinken.»

Eine Stunde später ging ich nach Hause. Vater war aus der Fabrik gekommen und wusch und rasierte sich in der Küche. Ich erzählte ihm kein Wort.

Bachtann

Mutter hatte streng darauf geachtet, dass ich religiös erzogen wurde. Sie schickte mich in drei Sonntagsschulen: um zehn Uhr zu den Methodisten, um elf Uhr zur Freien Brüdergemeinde, am Nachmittag in die Landeskirche. Manchmal nahm mich Mutter auch am Abend zur Andacht in die Chrischona mit oder zu den frommen Brüdern.

Ich besuchte regelmässig auch alle Teefeste. Vor allem jenes des Hoffnungsbundes, der Blaukreuzjugend. Ich hörte so viel von Jesus, dass ich manchmal glaubte, ich müsse ihn persönlich kennen.

Die Prediger waren mir verhasst. Aber sie verkündeten das Wort Gottes so, als erwarteten sie täglich seine Wiederkunft. Manchmal warnten sie uns davor, nicht für den Herrn bereit zu sein.

Sie sprachen von Nächstenliebe und empfahlen die Kollekte. Einer dieser Prediger besuchte uns regelmässig. Meist am Mittwochnachmittag, wenn ich schulfrei hatte. Wir knieten zu dritt vor das Sofa, schlossen die Augen, falteten die Hände, legten sie auf die Plüschdecke und beteten. Mit lauter Stimme flehte er zu Jesus, er solle ein Auge auf mich haben, weil ich ein «Kind der Sünde» sei. Wenn wir aufstanden, weinte Mutter. Mich tätschelte er und strich mir über die Haare und gab mir bunte Bilder mit Aposteln darauf. Meist war es Petrus, der Fels, der zum Volk sprach. Dieser Bruder Gottlieb roch nach Gemüse und ungelüfteten Kleidern. Er hatte einen weissen Knebelbart, und die Leute erzählten, dass er früher in einer grossen Kirche gepredigt habe. Das Schicksal habe ihn in diese kleine Sekte verschlagen. Bruder Gottlieb kam fast jeden Mittwoch. Er erhielt immer eine

Gabe und meist auch etwas zu essen, Suppe, Wurst und Brot. Das Brot segnete er, Suppe und Wurst ass er ohne Segen auf. Er betete vor und nach dem Essen. Er vergass nie, Jesus zu danken, dass er zu einer warmen Suppe gekommen war. Vater sah Bruder Gottlieb nicht gerne im Hause. Er duldete es verdrossen, wenn Mutter von seinem kärglichen Lohn den Sektenbrüdern noch spendete.

Wenn er Einspruch erhob, dann sagte sie mit lauter, fester Stimme: «Wie heisst es bei Christus? ‹Gib dem Kaiser, was des Kaisers, und Gott, was Gottes ist.›» Das leuchtete ihm ebenso wenig ein wie mir, denn ich konnte mir nicht vorstellen, dass Bruder Gottlieb die Spenden an den lieben Gott weiterreichte.

Vater ärgerte sich darüber, weil er wenig verdiente. Für zwei Wochen Arbeit brachte er manchmal nur 65 oder 70 Franken nach Hause, obwohl er ein guter Schlosser und Magaziner war. Um den Lohn etwas aufzubessern und um ungestört als Mitglied des Musikvereins Posaune blasen zu können, war er noch nebenamtlich Gemeindepolizist geworden, was ihm im Monat 30 Franken einbrachte.

Drei Sonntagsschulen, drei Weihnachtsfeiern, drei Bescherungen: Auf diesen einfachen Nenner brachten die Nachbarn die Tatsache, dass ich am Sonntag so viel zu Kirchen und Bethäusern unterwegs war. Ich behauptete, es sei für mein Seelenheil. Bruder Gottlieb sage dies. Ich hätte das Wort Gottes ganz besonders nötig, weil ich ein «Kind der Sünde» sei. Die meisten lachten darüber.

Ich ging nicht gerne zu den frommen Teefesten. Während die anderen Knaben im Dorf jeden Sonntagnachmittag den Fussballplatz besuchten, musste ich aus den Händen frommer, singender Frauen heissen Tee entgegennehmen, während Bruder Gottlieb in einem fort für Speise und Trank dankte. Die Kuchen, die gereicht wurden, hatten die Frauen selbst gebacken, und jede lobte ihr Gebäck. Sie waren glücklich, wenn sie von Bruder Gottlieb nicht nur im Gebet, sondern auch beim Zuspruch mit eingeschlossen wurden. Wir sassen stundenlang auf harten Bänken, hörten fromme, traurige Geschichten, die Bruder Gottlieb immer wieder erzählte. Am Schluss sangen wir Lieder, beteten und lobten Jesus für den glücklichen Sonntag, den er uns geschenkt hatte.

Das Fussballspiel war meist zu Ende, wenn ich nach dem frommen Teefestchen, so rasch ich konnte, zum Fussballplatz rannte.

Viele junge Mädchen mit langen Röcken und flachen Busen waren in Bruder Gottlieb verliebt. Man bemerkte es an ihren leuchtenden Augen und den schwitzenden Händen. Sie betrachteten mit leicht geöffneten Mündern den Prediger, wenn er ihnen von den «guten Taten des Meisters» erzählte. Sie lauschten hingerissen, wenn er schilderte, wie Jesus einst Maria Magdalena, das sündige Weib, bekehrt hatte, und nach dem Gottesdienst drückten sie Bruder Gottlieb lange die Hand.

Manche schienen besonderen Trost zu suchen, denn sie blieben nach dem Abendgottesdienst noch im Betlokal.

Die älteren Frauen tuschelten darüber und blickten neidisch auf die jungen Mädchen, die mit hochroten Köpfen und mit flatterndem Band im Haar davonrannten.

Aber die Alten sagten, Bruder Gottlieb sei stark im Glauben und lasse sich von diesen jungen Dingern nicht von seinem heiligen Weg abbringen.

Weltliche Feste wurden von Mutter nicht geschätzt. Sie machte immer ein mürrisches Gesicht, wenn Vater mit Sigolin seine Posaune blank putzte.

Dies war nämlich das Zeichen, dass ein Fest bevorstand. Wir freuten uns schon tagelang darauf. Glücklicherweise begannen diese Feste meist am Samstag, und am Samstag waren die Kirchen wie die Bethäuser der Sekten geschlossen. So hatte ich doch Gelegenheit, einige Feste zu erleben. Heimlich steckte Vater mir ein Zwanzigrappenstück zu, das ich dann nach Herzenslust «verputzen» durfte.

Bachtann war ein Dorf, das für Feste wie geschaffen war. Es liegt am Fuss des etwas über 1000 Meter hohen Bachtels, eines Berges, von dem aus in herrlicher Rundsicht Alpen und das ganze Zürcher Oberland zu sehen waren. Das Dorf zog sich vom Tal stetig bergan und endete schliesslich vor einer sumpfreichen Ebene, wo es viele Frösche und Lurche gab. Früher mögen die Bachtanner wohlhabend gewesen sein, denn aus jener Zeit gab es verhältnismässig viele Einfamilienhäuser, die jetzt von Fabrikarbeitern bewohnt wurden. Alle in Bachtann arbeiteten in der grossen Maschinenfabrik oder in der Seidenweberei. In jenen Jahren war es «ein Segen», wie Mutter immer sagte, in der Fabrik arbeiten zu dürfen; viele im Dorf waren damals arbeitslos.

Vater hatte seine Stelle in der Maschinenfabrik keinen einzigen Tag verloren. Man sagte, er verdanke dies nur seiner treuen Mitgliedschaft zum Musikverein. Allen Vereinsmitgliedern der «Harmonie» war von der Fabrik aus nie gekündigt worden.

Im Winter war Bachtann ein Schlittelparadies. Das steile Stück der Hauptstrasse zwischen Oberdorf und Unterdorf wurde am Nachmittag für jeden Verkehr gesperrt, ausser für Pferdeschlitten. Und so fuhren wir an Samstagen und Sonntagen bäuchlings auf unseren «Geissen» und Davoser Schlitten ins Unterdorf hinunter. Pferdefuhrwerke nahmen uns wieder ins Oberdorf mit.

In Bachtann versuchten alle, alles übereinander zu erfahren. Sie redeten miteinander und übereinander, horchten sich gegenseitig aus und erzählten alles weiter. Geburten, Todesfälle, Betrunkene, Arbeitslose, alles war allen bekannt. Gegen das Nachbardorf hielten aber alle zusammen. Auch bei grossen Festen, wenn der Turnverein mit Freiübungen, Pyramiden und Ballspielen in strömendem Sommerregen jubilierte, war trotz Nässe und Kühle das ganze Dorf auf den Beinen. Fahnen wurden aus den Fenstern gehängt, Mädchen zogen ihre schönsten Kleider an, banden sich Bänder ins

Haar und träumten von jungen Männern, die sie beim Tanz kennenlernen würden. Wenn sich an einem strahlenden Sonntag die «Harmonie» zum Festzug sammelte, standen wir Jungen da, lachten, klatschten und marschierten hinter der Musik her, die mit klingendem Spiel dem Wald zustrebte.

Meine Mutter kam zu solchen Festen nie mit.

«Ich sehe doch nichts», sagte sie ausweichend. Aber das war nicht der wirkliche Grund. Sie sah es ungern, wenn Leute Alkohol tranken, wenn sie saftige Witze erzählten oder mit jungen Mädchen schäkerten.

«Das alles ist vom Teufel», sagte sie und dankte Jesus, dass er sie davor bewahrt hatte. Wir aber schlenderten durch den Wald und hörten dem Konzert der «Harmonie» zu. Sie spielten klassische Stücke, rassige Märsche, die besonders gefielen. Die Musikanten erhielten einen Gutschein für Bratwurst und Bier. Die blitzenden Trompeten und Posaunen legten sie auf die Klappstühle, die man für das Konzert in den Wald geschafft hatte. Man spazierte herum oder setzte sich auf die Bänke der Festwirtschaft.

Spiele lockten, Glücksfischen, Ballwerfen oder Schiessen, bei denen man für bescheidenes Geld etwas gewinnen konnte.

Gegen Abend spielte eine Ländlerkapelle auf der grossen Bühne zwischen den Tannen zum Tanz auf.

Die jungen Leute begannen nur zögernd zu tanzen und tuschelten über jene, die sich als erste vorwagten.

Doch allmählich füllte sich die Tanzfläche, und die Röcke wirbelten. Zwischen den Tanzenden ging ein Mann mit ernstem Gesicht herum. Das war der Tanzbändelverkäufer. Alle mussten bezahlen, die da tanzen wollten. Wenn die Musik Pause machte und die Bühne leer war, dann streute er Seifenflocken auf den Bretterboden, «damit die Walzer besser laufen». Wir Kleinen standen stundenlang um den Tanzboden und guckten den Mädchen unter die Röcke. Ertappte man uns dabei, jagten uns die «Grossen» davon. Das Waldfest endete meist spät in der Nacht, wenn wir schon lange schliefen und manche Festbesucher betrunken nach Hause wankten. Vaters Aufgabe als Gemeindepolizist war es dann, für Ruhe zu sorgen; das kam ihn hart an, denn er musste am frühen Morgen wieder in die Fabrik.

Beliebt waren auch die «Seefahrten» auf dem Zürichsee. Die «Harmonie» spielte auf dem Schiff. In Zürich fuhr man mit der Strassenbahn zum Zoologischen Garten. Schon wochenlang freuten wir uns darauf, weil bei den «Seefahrten» auch Mutter mitkam.

An diesem Sonntag fielen Sonntagsschule und der Gottesdienst aus. Mutter kam allerdings nie in den Zoo mit. Ihr Bruder, ein Tramkondukteur, holte sie am Anlegeplatz ab und brachte sie am Abend wieder zum Schiff zurück. Aber sie war freundlich gestimmt an diesem Tag und nannte uns «liebe Kinder».

Ein Kirchenkonzert beschloss die Saison der «Harmonie». Das war ein besonders festlicher Anlass. Zu diesem Fest besuchte uns der beste Freund meines Vaters, ein Lokomotivführer. Vater und er hatten zusammen die Wanderjahre als Heizer und Lokomotivführer auf der Gotthardbahn verlebt. Davon erzählten sie immer wieder, von den Schneestürmen, von den Kehren, von den Kohlenschauflern, die den Tender auffüllten, bevor der Zug nach Erstfeld die steilen Rampen hinauffuhr. Auch vom Tessiner Wein erzählten sie.

Nach dem Konzert tranken sie meist im «Schweizerhof» hinter dem Bahnhof noch ein Bier oder einen Kaffee mit Schnaps. Und dann reiste Vaters Freund wieder ab.

Wenn irgendwo ein eidgenössisches Musikfest war, fieberte das ganze Dorf. Viele begleiteten die «Harmonie» an den Festort, um beim «sicheren Erfolg» mit dabei zu sein. Die zu Hause Gebliebenen warteten gespannt auf die Rückkehr.

Eine Nachricht, die «Harmonie» habe Goldlorbeer errungen, verbreitete sich mit Windeseile in Bachtann. Der Sohn des ersten Bassisten fuhr meist mit seinem Fahrrad das Dorf hinauf und hinunter und erzählte es allen Leuten, die dann zum Bahnhof strömten. Turnverein und Männerchor, die Ornithologen, die Kynologen, der Handharmonikaverein und die Schützen schickten Fahnendelegationen. Fähnriche trugen breitkrempige Hüte mit blauweissen Federbüschen, die bis auf die Schultern reichten. Festlich wurde die erfolgreiche «Harmonie» empfangen.

Wenn der Zug einfuhr, brachen alle in Jubel aus. Der Jubel brauste noch höher, wenn der Fähnrich das Banner der «Harmonie» mit dem goldenen Lorbeer an der Harfe entrollte und auf dem Trittbrett hin und her schwang. Musikanten stiegen aus, kamen quer über die Gleise und begrüssten ihre Familien. Der Männerchor sang das Lied «vom Siegerkranze», der Jodelklub das Heimatlied von den «Wettertannen», und dann stellte sich der siegreiche Verein auf, der Zug fuhr mit schwarzen Rauchwolken und mit dumpfen Dampfstössen davon; der Musikdirektor hob den Taktstock: ein Marsch.

Der Ehrentrunk wurde von Trachtenmädchen kredenzt, und schliesslich zogen die Vereine mit ihren Fahnen und Uniformen nach Bachtann hinauf. Nur an den steilsten Stellen der Hauptstrasse wurde das Spiel unterbrochen. Dafür trommelte der Tambour den Marschtakt.

Menschen standen an den Strassen, lehnten aus den Fenstern, winkten dem fröhlichen Zug.

Das Fest endete immer in der «Sonne», bei Strömen von Fassbier. Reden wurden gehalten, und endlose Hochrufe schallten durch die Sommernacht.

Am nächsten Morgen waren die Leute todmüde. In der Fabrik hatten sie Mühe mit der Arbeit. Ich schlief in solchen Festnächten unruhig ein. Mir träumte von einem Wald, in dem ich sass und ringsum brannte der Horizont. Ich schrie im Schlaf, wachte schweissnass auf, und irgendwo blökte das Feuerhorn.

Im Nachbardorf brannte nach einem solchen Fest einmal ein Hotel. Im Mansardenzimmer erstickte ein zwölfjähriger Junge im Rauch.

Viele Nächte danach wachte ich erschreckt auf und glaubte, ein Feuerhorn zu hören.

Doch meist waren es Katzen, die sich im Garten paarten.

Die Schläuche

Kurz bevor ich aus einem Waisenhaus in St. Gallen zu meinen Pflegeeltern gebracht wurde, hatten diese nach Othmars Weggang wieder ein Mädchen aufgenommen. Es war erst wenige Monate alt: Hilda. Sie blieb in der Familie, bis sie mit 20 Jahren einen Schulfreund heiratete.

Hilda war der Liebling der Mutter. Intelligent, liebevoll zu den Pflegeeltern, tat sie alles, was man sie hiess. Sie wusch Geschirr, jätete im Garten, ging einkaufen und war auch in der Schule fleissig. In der Sekundarschule hatte sie ausgezeichnete Noten, im Religionsunterricht war sie aufmerksam, und nach der Konfirmation ging sie zu den Methodisten.

Als wir noch Kinder waren, kamen wir gut miteinander aus, steckten die Köpfe zusammen und fühlten uns wie Bruder und Schwester. Das änderte sich, als mein Vormund mich schlecht machte und immer heftiger angriff. Hilda sprach von da an weniger mit mir und wehrte sich nie für mich. Sie sah mich manchmal so seltsam an, als ob sie mehr wüsste.

Herr Zangger war auch ihr Vormund.

In einem kleinen Geschäft für Bettwaren trat Hilda nach dem Welschlandjahr eine kaufmännische Lehre an. Vor ihrer Heirat stieg sie sogar zur Sekretärin im kantonalen Elektrizitätswerk auf. Mutter war stolz auf sie und sagte: «Den Seinen gibt's der Herr im Schlaf.»

Während ihrer Sekundarschulzeit hatte Hilda ein Fahrrad bekommen, auf dem sie stolz herumfuhr. Sie machte damit Besorgungen im Nachbardorf, fuhr mit ihrem Schulfreund an Sonntagen an den Zürichsee oder besuchte Verwandte.

Hilda bereitete auch das Weihnachtsfest vor. Sie schmückte den Tannenbaum mit lustigen Papierfiguren, mit Glaskläusen, Äpfeln und golden schimmernden Kordeln. Sie zündete die Kerzen an, packte die Geschenke ein und stimmte die Weihnachtslieder an. Weihnachtsfeiern waren in unserer Familie immer etwas Besonderes. Schon vor der Adventszeit begannen die Bastelarbeiten; aus einfachen Kartontafeln wurden die farbigsten Krippenfiguren hergestellt.

Der Nikolaustag war erster Höhepunkt. Nach dem Nachtessen tauchte ein bärtiger Mann in einem dunklen Umhang auf und forderte wortkarg, dass wir ein Sprüchlein aufsagen sollten. Ich fürchtete mich vor dem fremden, unheimlichen Mann. Zuerst sagte Hilda ihr Verslein auf, dann ich. Hilda erhielt sofort einen kleinen Sack mit Nüssen und einer Schokoladentafel. Mit mir ging er nicht so freundlich um: Er zählte ausführlich meine Sünden auf, schlug mit der Rute ein paar Mal auf meinen Hintern, bevor er mir auch noch ein paar Nüsse und einen Apfel gab.

Zwölf Jahre war ich alt, als der Samichlaus das letzte Mal versuchte, mich zu schlagen. Ich wehrte mich und rannte davon. Er nahm die paar Nüsse wieder mit und verliess zornig die Wohnung. Mutter sagte, das gehöre sich nicht. Der Samichlaus sei ein Bote des Himmels und sorge vor Weihnachten, dass Gerechtigkeit auf Erden herrsche. Ich glaubte nicht mehr daran, denn ich hatte den Samichlaus erkannt: Es war der Gärtner Boos von nebenan, der jeden Sonntag betrunken vom Fussballspiel nach Hause kam.

Die Geburt Christi wurde bei uns sehr feierlich begangen. Wir sangen Weihnachtslieder, freuten uns an den brennenden Kerzen, und Hilda las die Weihnachtsgeschichte aus der Bibel vor. Ich sagte ein Arbeitslosengedicht der Brüdergemeinde mit vielen Strophen auf: «Das Krisenlied». Spät am Weihnachtsabend besuchte uns eine Familie aus der Nachbarschaft. Neue Kerzen wurden an den Baum gesteckt und angezündet, und die Weihnachtsgeschichte wurde nochmals erzählt. Erst danach erhielten wir unsere Geschenke: einen Pullover, ein Paar derbe Schuhe von der «Hotzschen Stiftung», und manchmal ein Spielzeug. Einmal erhielt ich zehn Bleisoldaten.

Mein Vormund schenkte mir nie etwas. Aber eine unbekannte Tante, die als Dienstmädchen im Zürcher Unterland arbeitete, schickte mir jede Weihnacht Gebäck und Spielzeug.

Mutter sagte, diese Tante spinne und sei ebenfalls bevormundet. Bevor wir ins Bett geschickt wurden, beteten wir voll Dankbarkeit. Zwei Tage vor Weihnachten war Schulsilvester. Das war eher mein Fest. Morgens um zwei Uhr wurden wir von Buben aus dem Nachbardorf mit Schellengebimmel und Rufen, mit Hornstössen und Pfannendeckelgeschepper aus den Betten getrommelt. Wir zogen uns rasch an und hängten uns Schellen um. Durch Kälte und Schnee zogen wir durchs Dorf und freuten uns, wenn wir wieder ein paar aus den Federn holen konnten. Von Haus zu Haus gingen wir und machten einen gewaltigen Lärm. Wir rauchten Zigaretten, und bei Bauern erhielten wir heissen Kaffee und Birnbrot.

Um sechs Uhr versammelten sich alle Grüpplein auf dem Schulhausplatz. Wir bildeten einen langen Zug und zogen nochmals lärmend durchs Dorf. Arbeiter, die in die Maschinenfabrik gingen, standen still und schauten uns zu. Für sie war das alles nur eine Erinnerung.

Um acht Uhr begann die Schule. Der Letzte, der in das Schulzimmer kam, war der «Silvester». Er wurde an ein Pult gebunden, ausgelacht und bekam später vom Lehrer ein Lebkuchenherz. Bis elf Uhr vergnügten wir uns mit Spielen, zündeten auf den Schulbänken Kerzen an, sangen Lieder und trugen Schnitzelbänke vor. Dann brachten wir den Bauern die Schellen zurück.

Hilda sorgte sich sehr um Mutter, besonders nach ihren Augenoperationen. Hilda träufelte ihr Tropfen ein und verband ihre Augen jeden Tag für einige Zeit. Sie sorgte sich um den Haushalt und tat alles, um Mutter Arbeit abzunehmen. Dafür hatte sie alle Rechte. Wünschte sie sich etwas, bekam sie es auch. Hilda hatte, wie ich, keine Eltern. Ihre richtige Mutter lebte zwar in Horgen – aber sie kam nie auf Besuch. Hilda wurde nie geschlagen und erhielt jedes Jahr neue Kleider und Schuhe.

Und eben ein Fahrrad.

Im Schuppen bei den Kaninchenställen stand schon lange ein rostiges, altes Herrenfahrrad. Die Schläuche waren undicht, die Mäntel rissig, der Rahmen rostig und die Kette ungeölt. Trotzdem hätte man noch damit fahren können. Mein Freund Ernst hatte mir das Fahren auf einem Damenvelo seiner Schwester beigebracht. Bald konnte ich es so gut, dass ich mir ein eigenes Fahrrad wünschte. Ich schmierte die Kette des alten Rades, ölte die Achsen, reinigte mit Petrol den rostigen Rahmen und flickte die Schläuche, so gut es eben ging. Mutter war dagegen, dass ich herumfuhr, während Hilda über ihren Schulaufgaben sass oder im Haushalt arbeitete.

Sie verbot mir, ohne Erlaubnis herumzufahren. Da nahm ich einfach wieder das Damenvelo meines Freundes. Nur sonntags, wenn ich alle drei Sonntagsschulen besucht hatte und keine Klagen gekommen waren, durfte ich mein Fahrrad hervorholen. Mit Ernst fuhr ich ins Nachbardorf oder zu Vetter Jacques, der in Stäfa ein kleines Bauerngut besass. Er gab uns Speck oder Wurst, Brot und Süssmost, bevor wir wieder nach Hause fuhren. Aber die Schläuche in meinen abgefahrenen Pneus waren brüchig. Während einer einzigen Ausfahrt musste ich sie mehrere Male aufpumpen. Wie sollte ich zu neuen Schläuchen kommen? Hinter der Scheune beriet ich mich mit meinem Freund Ernst. «Geh doch einfach zum Velohändler Huber und hol dir ein Paar neue, sag einfach, Vater bezahle sie später», riet mir Ernst. «Und wenn das auskommt? Wenn Huber sein Geld haben will?» «Der schreibt nicht alles auf», sagte Ernst. «Du musst nur nicht verlegen sein.» Ernst begleitete mich zum Velomechaniker Huber ins Unterdorf.

«Ich möchte zwei Schläuche für mein Velo», sagte ich forsch. Huber schaute mich an und fragte dann: «Welche Grösse?» Ein Glück, dass er nicht zuerst nach dem Geld fragte. Er ging in sein Lager und brachte zwei Schläuche heraus. «Macht acht Franken», sagte er. «Montieren wirst du sie ja selber.» «Ja, natürlich», sagte ich und fügte wie beiläufig hinzu: «Vater bezahlt sie.» «Ist gut», meinte Huber.

Alles war glatt gegangen. Wir gingen zur Scheune, rissen die alten Schläuche von den rostigen Felgen und montierten die neuen. Und dann ging's auf Probefahrt. Ich war glücklich. Das Fahren machte mir jetzt noch mehr Spass. Ich kam mir vor wie der Rennfahrer Paul Egli, der in unserem Dorf wohnte und einmal Weltmeister geworden war. Ich flitzte um Kurven, schellte bei alten Leuten und fuhr im Bogen um sie herum. Abends stellte ich mein Fahrrad in den Schuppen und ging ins Haus. Ich machte mich an die Schulaufgaben. Viel Gescheites kam dabei nicht heraus. Immer wieder dachte ich an die neuen Schläuche. Das schlechte Gewissen zeigte sich. Von Tag zu Tag wurde es schlimmer. Schliesslich machte mir das Fahrrad überhaupt keine Freude mehr. Ich war drauf und dran, Vater alles zu gestehen.

Eines Abends kam Vater aus der Fabrik und hängte seinen Hut auf. Ich sass am Stubentisch und schrieb. «Ich möchte dich etwas fragen», sagte Vater. Ich spürte, wie ich rot wurde. «Hast du die Schläuche bei Huber geholt und gesagt, ich würde sie bezahlen?», fragte er ernst. Ich brachte kein Wort heraus. Langsam kamen mir die Tränen. «Ja», stiess ich mühsam hervor. «Warum?»

«Meine alten Schläuche waren kaputt», sagte ich schluchzend, «ich wagte es nicht, dich um neue Schläuche zu bitten.»

Vater sagte nichts. Er ging in die Küche. Als ich folgte, hörte ich ihn zu Mutter sagen: «Er war's. Er hat es sofort zugegeben.

Ich denke, das ist gut.» «Gut?», sagte Mutter, «gut? Weisst du jetzt auch, warum mir immer Geld fehlt?» «Das darf man nicht einfach so behaupten», sagte Vater. «Es kann ebenso gut…» Er brach ab. Ich wusste, dass er Othmar meinte.

Ich setzte mich an meinen Platz am Fenster. Mutter sagte kein Wort. Bei Tisch wurde sowieso nicht gesprochen. Sie betete nur: «Komm, Herr Jesu, sei unser Gast…» Dann assen wir.

Nach dem Essen wusch ich mit Hilda das Geschirr ab und ging dann vors Haus. Plötzlich hörte ich Mutter hinter mir herrufen: «Du bist ein Dieb. Wenn das Herr Zangger erfährt, wird er dir etwas erzählen.»

An Herrn Zangger hatte ich gar nicht gedacht. «Erzähl ihm nichts», bat ich sie.

«Du hast uns elend betrogen. Ich muss es ihm sagen.»

Drei Tage später kam mein Vormund. Er setzte sich an den Stubentisch und sprach zuerst lange mit Mutter und Vater, bevor ich in die Stube gerufen wurde.

«Was ist mit den Schläuchen, du Betrüger?», fuhr er wütend auf mich los. «Er hat es ja gleich zugegeben», sagte Vater. Das kümmerte meinen Vormund wenig. «Du hast also Fahrradschläuche erschwindelt, dem Händler gesagt, Vater werde sie bezahlen. Stimmt's?»

«Ja», gab ich zu.

«Weisst du, wie man dem sagt? Das ist Betrug. Wenn man solche Leute erwischt, sperrt man sie ein. Jawohl. Wochenlang sperrt man sie ein.» «Es tut mir leid…», begann ich. «Hör auf! Du würdest es gleich morgen wieder tun», fuhr er mich an. «Lass ihn doch», mischte sich Vater ein. Aber da kam er bei Herrn Zangger schlecht an: «Schweig du doch endlich! Das fehlt noch, dass du ihn in Schutz nimmst. Ich bin der Vormund.» «Man muss ihm doch erklären, was er getan hat», sagte Vater und stand auf. «Dann wird er es nicht mehr tun. Ich glaube, dass er begriffen hat. Genügt das nicht? Muss man noch strafen, wo Einsicht ist?»

«Und ich sage», entgegnete mein Vormund, «er wird es wieder tun. Er ist kriminell. So ist das. Am besten, man nimmt ihm das Fahrrad weg.»

Ich brach in Tränen aus. Nach einer Weile sagte Herr Zangger langsam und mit Nachdruck: «Du wirst jetzt deine Strafe erhalten. Wir lassen dich mit Vater allein. Er wird einen der alten Schläuche holen und dir eine Tracht Prügel geben, an die du denken wirst. Und wenn du dann nichts gelernt hast, dann wirst du eines Tages im Zuchthaus landen.»

«Kommt», sagte er zu Mutter und Hilda, «wir lassen die beiden allein.»

Sie gingen aus dem Haus.

Vater und ich standen im Halbdunkel in der Stube. Er schaute mich an. Er war bleich und schien die Fassung verloren zu haben. Dann ging er lange auf und ab. Manchmal stand er vor der Kommode still, drehte sich um und schaute mich an. Er hatte mich noch nie geschlagen. Wenn ich Schläge bekam, dann war es immer Mutter mit dem Handwischer oder Teppichklopfer.

Vater hatte das noch nie getan. Wieder ging er auf und ab. Manchmal bewegten sich seine Lippen, als ob er zu sich selbst spräche. «Setz dich», sagte er. Er blieb vor mir stehen und schaute auf mich herunter. «Ich weiss nicht», sagte er halblaut. Seine Stimme klang unsicher. «Ich kann dich nicht auf Befehl schlagen. Ich will es nicht.»

Die letzten Worte sagte er laut. Dann fluchte er, aber nicht auf mich, sondern auf meinen Vormund und auf den «blöden Velomechaniker», und schliesslich auch auf Mutter, die es meinem Vormund gesagt hatte. Ich machte mich auf meinem Stuhl so klein als möglich.

Dann sagte er leise: «Hör zu. Du gehst jetzt ins Bett und verhältst dich mäuschenstill. Klar? Und wenn dich morgen jemand fragt, dann sagst du, dass du eine gehörige Tracht Prügel bekommen hast. Hast du mich verstanden?»

«Ja», sagte ich und schaute verwundert auf. Ich verstand

überhaupt nichts, aber ich war mit einem Mal so glücklich. Ich stand auf, fiel ihm um den Hals und küsste ihn auf die Wange.

«Gute Nacht», sagte ich.

«Gute Nacht», flüsterte er. Ich sah, dass er Tränen in den Augen hatte.

Susi

Man hörte im Radio Hitlerreden. Man sprach von Krieg. Die Wohnungen mussten verdunkelt werden. Dafür kaufte man schwarzes Papier oder schwarze Tücher. Keller und Estriche wurden ausgeräumt und das alte Gerümpel mit Pferdefuhrwerken abgeführt. Nach Einbruch der Dunkelheit wurden die Lichter gelöscht. Vor den Hauseingängen brannten blaue Lampen, und die Männer vom Luftschutz gingen zu zweit auf Kontrollgänge. Sie klopften mit den Fäusten an die Läden, wo ein Fenster noch Licht durchliess. Mit kleinen Emailkesseln holten wir jeden Abend die Milch. Die Sennhütte war ein niedriger Bau, der sich der Hauptstrasse entlangzog. Senn Honegger, ein grosser, kräftiger Mann, stand in dem feuchten Raum beim Kessel, der an einer Waage hing. Er begrüsste uns immer mit einem gemütlichen Knurren.

Die Bauern kamen gebückt mit ihren schweren Tansen auf dem Rücken, beugten sich seitwärts und leerten Milch durch ein grosses Sieb in den Waagkessel. Honegger wog die Milch, «25,8» oder «19,5» sagte er laut und schrieb die Milchmenge auf ein Blatt, das auf einem an die Kachelwand geschraubten Pult lag.

Die Milch schäumte. Wir drängten mit unseren Kesseln und gaben Senn Honegger das Milchbüchlein. Er schöpfte uns mit dem Litermass schwungvoll die Milch, während der Gehilfe die Menge in unser Büchlein eintrug.

Alle zwei Wochen musste die Milch bezahlt werden. Senn Honegger führte neben der Milchhütte eine Wirtschaft und einen Käseladen. Im Laden konnte man auch alles aufschreiben lassen: Käse, Butter, Eier.

In der Wirtschaft rechnete er mit den Vätern ab. Sie setzten sich danach an einen Tisch, klopften einen Jass und tranken Bier. Spät in der Nacht gingen sie nach Hause. Die Frauen sagten: «Das war wieder teure Milch.»

Die grosse Sennhütte war bei Verdunkelung die einzige Lichtquelle im Dorf. Wenn die grosse Tür geöffnet wurde, fielen die Lichtbündel auf die Strasse. Honegger achtete darauf, dass sie sofort wieder geschlossen wurde.

Ich traf viele Schulkameraden bei der Sennerei. Sie war ein Treffpunkt für Spiele am Abend; man war ausser Reichweite der Eltern.

Wir spielten fast jeden Abend «Scheiterverbannung», eine Art Versteckspiel. Wir versteckten uns mit den Mädchen, hielten sie an den Händen, rissen manchmal übermütig an ihren Zöpfen und machten viel Geschrei.

Susi, ihr Vater war Arbeiter, der in der riesigen Mietskaserne «Felsenburg» wohnte, war ein Jahr älter als ich. Sie hatte kleine, runde Brüste und strich den Buben nach. Ihr Vater ärgerte sich darüber. Er ging mit der sechsköpfigen Familie jeden Sonntag zu den Neuapostolen. Man erzählte im Dorf, das sei der einzige Tag, an dem die Familie genug zu essen hätte.

Susi holte an einem Verdunkelungsabend im August mit mir Milch. Sie lachte im Dunkeln, aber einmal schrie sie auf und griff nach meiner Hand.

Wir stellten die Milch bei der «Felsenburg» ins Gebüsch und gingen hinter die Scheune. Ernsts Vater hatte in der Wiese eine kleine Kiesgrube ausgehoben und mit dem Kies für den neuen Hühnerstall einen Betonboden gepflastert. Wir gingen über die feuchte Wiese zur Kiesgrube und setzten uns an den Rand. Wir sprachen nicht, umarmten uns und schwitzten. Dann legte sie sich ins Gras zurück und zog den Rock über die Knie herauf. Ich streichelte ihr die Schenkel und den Bauch. Sie stöhnte leise und sagte: «Das ist schön, tu's nochmal.» Ich streichelte sie wieder und wieder und legte mich ganz nahe zu ihr. Sie hatte die Arme um mich geschlungen und strich über meinen Rücken auf und ab.

Dann griff sie in meine Hose und hielt mich fest. Ich hatte ein wohliges Gefühl und zugleich Angst. Susi sagte plötzlich aus der schwarzen Dunkelheit: «Jetzt sind wir Mann und Frau.» «Du spinnst», sagte ich erschrocken. Ich war nass. Ich stand rasch auf und sagte: «Was ist das?»

Ich zog sie fest an mich, küsste sie auf den Mund und auf den Hals. «Würdest du mich heiraten?» «Dich? Nein», sagte Susi, «du bist ja der ‹Doktor›, den heiratet man doch nicht», spottete sie. «Tu nicht so blöd», sagte ich.

Ich knöpfte meine Hose zu. Wir gingen Hand in Hand über die Wiese zum Dorf zurück, holten die Milchkessel aus dem Gebüsch, und Susi sagte leise:

«Kommst du morgen wieder?»

«Ja», sagte ich, «ich schon, aber du?»

Sie lachte und ging ins Haus.

Ich schlich nach Hause, stellte die Milch in die Küche. Da sah ich den grossen Fleck auf meiner Hose. Ich wusch ihn am Schüttstein aus. Dann ging ich ins Bett.

Mutter wunderte sich und kam ins Schlafzimmer hinauf. Sie drehte das Licht an und sagte: «Warum sagst du nicht gute Nacht?»

«Ich?»

«Wer sonst?», sagte sie scharf.

«Ich hab's vergessen.»

Ich hörte Mutter den Gang entlanggehen und die Treppe in die Küche hinuntersteigen. Sie schloss die Stubentür. Lange schlief ich nicht ein. Ich hatte ein schlechtes Gewissen und Angst. Später hörte ich Mutter in der Stube laut beten.

Am nächsten Morgen sass ich in der Schule, neben mir der Sohn des Pferdemetzgers. Fritz war ein rauher Bursche, der jeden Tag vor der Schule, in der Metzgerei seines Vaters, rohes Blut trank.

«Darum bin ich so stark», sagte er. Er verprügelte jeden in der Klasse, auch ältere Jungen.

Auf mich hatte er es besonders abgesehen. Ich wusste

nicht, warum. So nahm ich mich in Acht vor ihm. Erwischte er mich doch einmal in der grossen Kurve, wo die Strasse sich zum Unter- und Oberdorf teilte, dann erhielt ich eine Tracht Prügel. Er trat und schlug mich, ich konnte mich kaum wehren. Lehrer Amsler unternahm nie etwas gegen diese Prügeleien. Er schätzte starke Burschen. Er sagte: «Der Starke hat mehr Recht als der Schwache.» Er war Mitglied der Nationalen Front und sprach viel von Hitler und nannte ihn «Führer».

Am Mittwochvormittag hatten wir Rechnen; ich war unaufmerksam. Lehrer Amsler drohte mir mit «Tatzen».

Er kam aus Schaffhausen, und für uns war sein Dialekt fast unverständlich. «Tatzen» waren Rutenschläge quer über die offene Hand. Sie schmerzten sehr, und die Hände schwollen danach auf.

Während der Stunde klopfte es. Amsler ging zur Türe, öffnete sie und ging hinaus. Nach einer Weile kam er herein und schaute mich an.

«Geh hinaus», sagte er. «Es ist jemand für dich da.»

Mir wurde heiss, und ich sah rote Flecken vor den Augen. Langsam stand ich auf, drückte mich aus der schmalen Bank und ging auf dem braunen, jeden Samstag geölten Boden langsam zur Tür.

Susis Mutter stand draussen. Sie war weiss im Gesicht. Susi stand neben ihr und weinte. Lehrer Amsler kam hinter mir her und schloss die Schulzimmertür.

«Das ist er», sagte er und schob mich näher an Susis Mutter.

Sie schlug mich ins Gesicht.

«Was hast du mit Susi gemacht?», sagte sie laut. «So etwas tut man nicht.»

Ich senkte den Kopf und sagte nichts.

«Was ist denn passiert?», fragte Lehrer Amsler.

«Ich sah weisse Flecken auf ihrem Rock», sagte Susis Mutter. «Sie können sich denken, wie ich erschrocken bin. Susi hat mir alles gestanden. Sie ist nicht schuldig. Der da hat sie verführt.»

Lehrer Amsler sah unsicher auf die Frau.

«Ich weiss nicht, was ich tun soll. Gehen Sie zu seinen Pflegeeltern. Die müssen schliesslich wissen, was da zu tun ist. Was geht das mich an?»

Noch bevor er die Tür öffnen konnte, sagte Susis Mutter: «Was sind denn Sie für ein Lehrer? Der Kerl da gehört vor die Schulpflege, die wissen schon, was man mit ihm tun muss.» «Es ist nicht während der Schulzeit passiert», wich Amsler aus.

«Das ist mir egal. Sie sorgen dafür, dass er vor die Schulpflege kommt, das ist Ihre Pflicht.»

Amsler schaute mich an. Bevor die Frau mit Susi ging, kam sie nochmals ganz nahe an mich heran und schlug mir mit dem Handrücken über den Mund.

«Da», sagte sie, «lass dich nie wieder in der ‹Felsenburg› blicken.»

Und zu Susi: «Komm, mein armes Kind.»

Ich erhielt zwölf Tatzen. Ich heulte bei jedem Schlag der Weidenrute auf. Die Klassenkameraden und die Mädchen schauten zu. Sie hatten keine Ahnung, warum ich so viele Tatzen bekam.

Nach dem Mittagessen stand Susi mit ihrer Mutter vor dem Haus. Sie riefen einige Male, bis Mutter aus dem Haus herauskam.

Drüben bei Brunnenmeister Schaufelberger ging der kleine Flügel am grossen Küchenfenster auf, und man konnte den Kopf der Brunnenmeisterin erkennen.

Susis Mutter erzählte laut, wie ich es mit Susi getrieben hätte. Mutter wurde bleich und hielt sich am Geländer der Kellertreppe fest.

Sie presste die Lippen zusammen, so dass ihr Mund wie ein schmaler Strich aussah.

«Das glaube ich nicht», sagte sie schliesslich. «Nein, das

nicht. Er ist ein schlechter Bub, aber so etwas tut er nicht.» «Und doch hat er es getan», schrie Susis Mutter. «Susi lügt nicht, und die Flecken...»

«Hören Sie auf», keuchte Mutter. «Hören Sie um Christi willen auf. Ich will nichts mehr hören, das ist ja grässlich. Gehen Sie heim. Wir wissen schon, was wir zu tun haben.» Mutter hiess mich in die Stube kommen. Ich hatte Susi verstohlen angesehen. Sie hatte schadenfroh gelächelt. Das machte mich wütend.

Ich sah, wie sie an der Hand ihrer Mutter den kleinen Weg vor unserem Haus zur Strasse ging.

Ich hörte, wie ihre Mutter immer wieder rief: «Du armes Kind, du armes Kind!»

Mutter schlug mich mit dem Teppichklopfer. Sie prügelte mich durch die ganze Stube. Sie hatte mich nicht einmal gefragt, ob es wahr sei. Sie hatte stumm den Teppichklopfer geholt und gesagt: «Du bist wie deine Mutter, diese Hure.»

Ich kroch vor ihr, während sie mich schlug, zweimal rund um den Stubentisch, dann gab sie keuchend auf.

«Ziehe die Jacke an. Sofort. Wir gehen zu Herrn Zangger», sagte sie später. «Nein, das nicht», sagte ich.

Sie schlug mir mit ihrer Hand über den Mund. «Tu jetzt endlich, was ich dir sage!» Ich zog den braunen Pullover vom kirchlichen Hülfsverein an – ich hatte ihn zu Ostern vom Pfarrer bekommen – und ging hinter Mutter her.

Auf der grossen Terrasse der «Felsenburg» standen Susi und ihre Mutter. Herr Zangger war eben nach Hause gekommen. «So?», sagte er und schaute meine Mutter an. «Ist etwas passiert?»

«Ja, weiss Gott ist etwas passiert», sagte Mutter und brach in Tränen aus. «Der Herr weiss allein, warum er mich so prüft.»

«Was hat er wieder angestellt?»

Mutter erzählte ihm, was sie von Susis Mutter gehört hatte. Mein Vormund schwieg lange und sah mich an.

Dann schlug er mich wortlos ins Gesicht.

Ein Mal nur. Dann setzte er sich hin und starrte auf die Schreibtischplatte.

«Nimm Platz», sagte er und schob Mutter einen Stuhl zu.

Mutter setzte sich, zog ein Taschentuch hervor. Sie schluchzte leise.

«Du gehörst in eine Anstalt», sagte der Vormund.

«Nein», sagte ich. «Nein, bitte nicht in eine Anstalt.»

«Schweig! Ein Mädchen anzurühren. Dabei hat uns Gott Kleider gegeben, damit wir alles bedecken können. Schäm dich, du Schwein!»

Er schwieg und kam um den Schreibtisch herum: «Wir werden noch darüber sprechen», sagte er zu Mutter.

«Ich möchte ewas sagen», begann ich.

«Du hast nichts zu sagen, du hast dich nur in Grund und Boden zu schämen», sagte er, und nach einer Weile: «Aber von ungefähr hast du das nicht. Deine richtige Mutter war schon so eine, und dein Vater, nun, über den wissen wir auch Bescheid.»

Mutter schluchzte: «Er wird den Herrn Jesus um Vergebung bitten. Er wird jeden Abend beten, dass ihm vergeben wird. So etwas Schlechtes! Oh Gott!»

Wir gingen nach Hause. Die Leute grüssten Mutter, aber sie achtete nicht darauf oder gab den Gruss nur ganz kurz zurück.

Mutter erzählte alles Vater. «Die Susi wird auch nicht ganz unschuldig sein», meinte er schliesslich. Dann holte er seine Posaune, zog den Kittel an: «Gute Nacht, ich gehe nach der Probe noch auf die Runde.»

Er verliess das Haus, die Posaune hatte er an den rechten Arm gehängt. Er ging gebeugt hinüber zur Strasse, wo der Bassist Oetiker schon auf ihn wartete.

Mutter nahm mich an diesem Abend mit in die Brüdergemeinde.

Bruder Gottlieb

Wir gingen durchs Dorf, stiegen den Gartenrain hinunter, überquerten die kleine, schmale Brücke bei der Maschinenfabrik und blieben stehen. Die kleine Dampflokomotive zischte vorbei und zog zwei Güterwagen hinter sich her.

Es dampfte und rauchte, und kurze Zeit waren wir in eine Dampfwolke eingehüllt. Mutter stand still und hielt sich die Hand vor die Augen.

Dann zog sie mich weiter. «Du wirst in der Betstunde deine Sünden bekennen. Verstehst du?», sagte sie.

Das Zischen der Dampflokomotive verschluckte ihre Worte.

«Du wirst sagen: ‹Herr, vergib mir, ich werde nie wieder sündigen.› Vielleicht rettet dich das vor der Anstalt.» Ich schaute Mutter von der Seite an.

«Das kann ich nicht», sagte ich nach einer Weile, als wir über die Gleise beim Bahnhof gingen.

«Du musst; Herr Zangger will dich in eine Anstalt bringen. Vielleicht ist das deine letzte Chance. Du musst deine Sünden in der Brüdergemeinde bekennen, wenn du bei uns bleiben willst.»

Widerstrebend ging ich mit ihr zum Haus der Brüdergemeinde, einem Saal, in dem früher alte Handwebstühle gestanden hatten.

Vor dem Gottesdienst sprach Mutter lange mit Bruder Gottlieb im kleinen Vorraum. Er sah immer wieder zu mir herüber. Ich stand in der Ecke des lang gezogenen Versammlungsraums und beobachtete die beiden.

Der Saal füllte sich. Die Frauen waren in der Mehrzahl. Sie schoben sich seitlich in die unbequemen Bänke, blieben stehen, senkten die Köpfe und beteten. Dann setzten sie sich und schwatzten leise. Langsam wurden sie ungeduldig und schauten immer wieder zur Tür.

Da kam Mutter herein und hinter ihr Bruder Gottlieb.

Sie setzte sich schweigend neben mich. Bruder Gottlieb ging nickend zwischen den Bankreihen nach vorn. Er stieg eine Stufe zum Podium hinauf und legte die Bibel vor sich auf das kleine Pult, an dem ein braunes Kreuz befestigt war. «Wir haben uns heute zu einem Bekennungsgottesdienst versammelt. Ich freue mich, dass so viele gekommen sind. Der Herr wird euch gnädig sein.»

Er schaute in die Runde. Man hörte nur leises Schnaufen. Manchmal hustete jemand unterdrückt. «Wir wollen beten», sagte Bruder Gottlieb leise.

Alle standen auf, falteten die Hände und neigten die Köpfe. Er sprach laut ein Gebet, bat Jesus Christus, diesen Abend zu segnen. Dann las er aus der Bibel von Saulus, den Jesus bekehrt hatte. Er las von Menschen, die beim Anblick des Meisters ihre Sündenlast ihm zu Füssen geworfen hätten, und schliesslich bat er jeden eindringlich, jetzt seine Sünden zu bekennen und sich dem Herrn anzuschliessen.

«Wir wollen bekennen», murmelte er und kniete vor die Gemeinde hin. Alle sassen in der stickigen Luft und atmeten laut. Einige Frauen schluchzten. Andere weinten.

Draussen ertönte das Feuerhorn, eine Feuerspritze ratterte vorbei. Jemand schrie: «Die Schreinerei Gatsch brennt!» Und wieder das Feuerhorn. Schemenhaft rannten draussen die Leute an den blinden Fenstern vorbei. Bruder Gottlieb begann wieder zu beten: «Herr, warum bringst Du Unglück über unser Dorf? Stehen wir so schwer in Deiner Schuld, dass Du uns hast strafen müssen, hier und jetzt? Vergib uns, Herr, schenk uns Deine Liebe, o Heiland.»

Das Feuerhorn tutete unaufhörlich. Hinter Bruder Gottlieb war das Fenster rot erleuchtet: Die Schreinerei Gatsch lag in der Nähe.

Mir war unheimlich zumute.

Als ein Feuerwehrmann auf der Strasse laut fluchte, schrie Bruder Gottlieb: «Herr, hilf den Gottlosen!»

Plötzlich sagte eine Frauenstimme: «Herr, ich folge Dir nach, ich bekenne meine Sünden. Nimm sie mir ab. Amen.»

«Amen», sagte die Gemeinde leise murmelnd. Bruder Gottlieb hob sein Gesicht und betete: «Herr, wir danken Dir, dass Du diese Seele erlöst hast.»

Nach längerem Schweigen, währenddem alle leise beteten, sagte eine zweite Stimme, wieder eine Frau: «Ich danke Dir, Herr Jesus, dass Du mich erlöst hast. Amen.»

«Amen», sagte die Gemeinde.

«O Heiland, wir sind so froh, dass Du bei uns bist», sagte Bruder Gottlieb. Sein Gesicht war rot. Der weisse Knebelbart zitterte. Mutter stiess mich in die Seite. «Jetzt du Bernie», sagte sie leise, fast unhörbar. Nein, dachte ich, das kann ich nicht.

«Jetzt du», sagte sie nochmals und stiess mich heftig. Ich schaute zu ihr auf. Sie sah mich böse an.

«Jetzt du», sagte sie wieder. Ich traute mich nicht. Ich schwitzte und hatte Angst.

«Willst du endlich!», zischte sie. Ich atmete auf, als eine tiefe Männerstimme sagte: «Herr, errette mich vom Alkohol. Hab Dank, o Heiland!»

«Amen», sagte die Gemeinde. Die Sitze knarrten. Das harte Holz war unbequem. Bruder Gottlieb dankte, dass der Mann von dieser Fessel befreit sei.

«Herr, vergib mir», stammelte ich plötzlich. «Ich werde nie wieder sündigen.»

Bruder Gottlieb starrte zu mir herüber. Dann hellte sich sein Gesicht auf, und als die Gemeinde ihr «Amen» gesprochen hatte, rief er:

«Herr, dieses Kind hat DICH angerufen. Ein Kind der Sünde hat zu DIR gefleht. Herr, DU hast gesagt: ‹Lasset die Kindlein zu mir kommen.› Wir danken Dir, dass DU dieses kindliche Herz erleuchtest hast. O Heiland, wie gross ist

DEINE Liebe, wir loben und preisen DICH in alle Ewigkeit. Amen.»

Ich war der letzte, der sich an diesem Abend bekehrt hatte. Wir setzten uns wieder und sangen «Grosser Gott, wir loben Dich».

Man hörte das Krachen und Splittern der Balken vom Brandplatz her bis ins Brüdergemeindehaus. Der Feuerschein leuchtete gelb, sogar hier war die Brandhitze zu spüren. Alle schwitzten. Bruder Gottlieb schien das nicht zu kümmern.

Er stimmte ein neues Lied an, und dann sprach er die Schlussworte: «Der Herr hat an diesem Abend zu uns gesprochen, wie einst Gott zu Isaak. Durch einen Feuerbusch liess ER uns in SEINE Herrlichkeit blicken. Wir danken IHM, dass er heute abend so viel Gnade spendete. Aber zugleich mahne ich euch alle, im Glauben stark zu bleiben, auf dass ihr alle gute Diener des Sohnes Gottes werdet. Helft einander stark zu sein, dann sind wir gerüstet, wenn unser Herr, der Heiland der Welt, wiederkommt. Die Kollekte ist heute für ein neues Harmonium.»

Er segnete uns und entliess uns. Die Neubekehrten blieben zurück. Ich wollte auch dableiben, aber Mutter zog mich fort. Am nächsten Abend bekehrte ich mich nochmals in der Chrischona.

Lehrer Amsler mochte mich von da an nicht mehr. Er fuhr mich wegen jeder Kleinigkeit an, und als ich einmal in der Französischstunde schlecht konjugierte, schickte er mich weg: «Pack zusammen und mach, dass du wegkommst. Ich kann dich nicht mehr sehen.»

Die Mitschüler lachten. So schlimm war das doch gar nicht, dachte ich. Es gab Buben, die in Französisch viel schlechter waren als ich.

«Los, hau ab, und lass dich hier nicht mehr blicken. Du Bastard!»

Hilflos packte ich meinen Schultornister und ging unter dem Gelächter meiner Kameraden aus dem Zimmer. Ich wollte zu Ernst, aber er war nicht da. Sein Vater hatte die Kühe vor den Jauchewagen gespannt und pumpte mit einer alten Handpumpe die braune Brühe in das Fass. Er fluchte und schrie: «Mach, dass du fortkommst, du Sauhund!»

Ich ging nach Hause. Mutter war nicht da. Im Schuppen mistete ich den Kaninchenstall aus. Dann ging ich zur Strasse hinüber, riss Löwenzahnblätter ab und brachte sie den Tieren.

Ich sah am nächsten Nachmittag Bruder Gottlieb den kleinen Weg zu unserem Haus kommen. Er klopfte an die Tür, aber niemand öffnete. Er trat einen Schritt zurück und schaute durch das Stubenfenster neben der Haustür. Dann ging er wieder zur Tür und klopfte nochmals.

Ich trat aus dem Schuppen und rief: «Mutter ist nicht da.» «Oh», sagte er, «da ist unser kleiner Sünder. Komm einmal her – oder warte, ich komme zu dir.»

Er kam durch den Garten zum Schuppen. Bruder Gottlieb war verändert.

«Komm», sagte er und fasste mich am Arm. «Gehen wir in den Schuppen, ich habe mit dir zu reden.»

Er zog mich zu den Kaninchenställen und stellte zwei Obstharasse nebeneinander. Er schneuzte sich kräftig und sagte dann: «So, und nun erzähl mir einmal, was du mit dem Mädchen gemacht hast.»

Ich schwieg und starrte den Prediger an. «Ich habe mich doch vorgestern bekehrt», begann ich. «Das genügt nicht», erklärte Bruder Gottlieb. «Nur wenn man sich alles von der Seele geredet hat, ist das Herz wieder rein. Und das möchtest du doch, oder nicht?»

«Ja, schon», sagte ich zögernd.

«Sieh, mein lieber Bub», er strich mir mit seiner knochigen Hand über die Backe, «nur wenn du alles gesagt hast, auch die kleinste Einzelheit, dann wird Jesus dir verzeihen.» Seine Augen glänzten. «Los», sagte er plötzlich schroff.

Ich erzählte stockend, was vorgefallen war.

«Du hast sie also gestreichelt, auch an den Haaren?» Er zeigte mit der Hand auf seine Hose.

«Sie hatte da fast keine», stammelte ich.

«Wie alt ist sie, fünfzehn? Und noch keine Haare da unten? Seltsam.» Er schwieg und sah mich dabei an. Dabei strich er mit der Zunge immer wieder über die Lippen.

«Und die Brüstchen hast du auch gestreichelt?»

«Ja», sagte ich kleinlaut.

«Nackt?» Er zitterte auf seinem Obstharass. «Ja, unter dem Pullover, aber nur ganz kurz.»

«Hm, und was hat sie derweil gemacht? Hat sie dich berührt?»

«Ja», flüsterte ich und rutschte unruhig hin und her.

«Hat sie daran gerieben?»

«Ja.»

«Und dann, und dann ...?» Er stand auf und ging hin und her.

«Nichts weiter», sagte ich.

«Was heisst da: nichts weiter? Das hast du doch gespürt.»

«Das schon, ja», sagte ich und schämte mich.

«Aber du hast dich nicht auf sie gelegt, oder?», fragte er weiter.

«Nein, Bruder Gottlieb!», sagte ich fest.

«Da hast du Glück gehabt, es wäre eine Todsünde gewesen. Das wäre dir nie vergeben worden, auch wenn du dich bekehrt hast.» Er kam nahe zu mir heran und sagte: «Nun zeig mir mal dein Pfeiflein.»

«Nein, Bruder Gottlieb, das kann ich nicht.»

«Du musst, wenn du die Sünde ganz loswerden willst.» Ich öffnete langsam den Hosenschlitz.

Er sah lange darauf und sagte. «Herr, nimm diese Sünde von dem Buben.» Er war erregt. Er hielt mein Glied fest umspannt. Ich begann zu weinen. Da liess er mich los und sagte: «Erzähl keinem Menschen davon, was wir gesprochen und getan haben. Hörst du, zu keinem Menschen ein Wort. Auch zu deinen Eltern nicht, sonst wirst du eine schreckliche Strafe erhalten.» Ich versprach es. Er drohte mir mit der Hölle und allen Qualen, wenn ich nur ein Sterbenswörtchen erzählen würde. Schliesslich schenkte er mir ein farbiges Bild von Johannes. «Er war der Lieblingsjünger des Meisters», sagte er. «Er hatte keine Geheimnisse vor ihm. Sie sprachen oft so allein miteinander wie wir jetzt.»

Dann betete er, erteilte mir den Segen und ging, nicht durch den Garten, sondern um den Schuppen herum durch die Gärtnerei und verschwand beim neuen Treibhaus.

Das Fass

Die Armenpflege tagte im Hinterzimmer des Restaurants Frohsinn, einem kleinen unordentlichen Raum, in dem viel Plunder von den Wirtsleuten aufbewahrt wurde. Senn Honegger ging kurz in die Stube und begrüsste die Gäste, darunter auch meinen Vormund. Bauer Rolf Bamert präsidierte die Sitzung und bat meinen Vormund, über sein Mündel Bernie Oberholzer Bericht zu erstatten. Der Bericht fiel schlecht aus. Der Vormund schilderte mich als «Kriminellen», als «sexuell verwildert und haltlos».

Als mein Vormund vorschlug, mich in eine Anstalt zu bringen, da stimmten sie ihm alle zu. Präsident Bamert verlangte zusätzlich, man solle ihm diesen Kerl doch in den Ferien zur Arbeit auf seinen Hof schicken, da vergingen ihm die Flausen. Und bis er in eine Anstalt komme, werde er gewiss nichts mehr anstellen.

Jeden Morgen um sechs Uhr ging ich durchs Oberdorf, ein Lied pfeifend, zum Hof des Bauern Bamert. Ich ging in den Stall, sagte «Guten Morgen» und nahm den Viehstriegel. Bamert war meist noch beim Melken. Die Luft war warm und roch nach den Kühen, die mahlend und laut schnaufend ihr Futter aus der Krippe frassen. Beim Morgenessen sprach der Bauer kein Wort mit mir. Nachher schickte er mich in den Stall, ich musste zusammen mit einem alten Knecht ausmisten und die Streue aufbereiten. Die Kühe liessen wir jeden Tag auf die Weide.

Die ersten Gelbmöstlerbirnen reiften heran, die frühen Äpfel wurden gepflückt, und wir wuschen die Mostpresse. An diesem Tag sagte Bamert zu mir: «Am Nachmittag wirst du die Fässer putzen.»

Er befahl mir, mich auszuziehen und gab mir eine alte Badehose.

«So, nun kriech in das Fass, ich werde dir dann durch das Spundloch warmes Wasser hineingiessen.»

Ich kroch durch das schmale Fasstürchen und setzte mich auf den feuchten Fassboden. Das warme Wasser plätscherte herein; er reichte mir eine grosse Fassbürste, und ich begann die Wände zu schrubben. Es war feucht und roch unangenehm im Fass, es war warm, und ich war tropfnass.

Aber ich schrubbte unverdrossen weiter. Bamert hatte mir jeden Morgen gedroht: «Wenn du dich bei mir nicht gut hältst, wird dich der Herr Zangger in eine Anstalt bringen. Du weisst also, was du zu tun hast.» Ich mühte mich ab und erschrak plötzlich: Von aussen wurde das kleine Türchen eingeschoben, angezogen und das Fass verschlossen. Nur durch das kleine Spundloch schimmerte ein bisschen Tageshelle. Ich rief laut: «Halt, ich bin noch drinnen. Nehmt das Türchen weg!»

Niemand gab Antwort.

Ich rief aufs neue. Keine Antwort. Ich begann zu schreien. Ohne Erfolg. Ich bekam Angst. Der kleine Raum schmolz plötzlich noch mehr zusammen. Ich drückte mein Gesicht gegen das kleine Spundloch, um frische Luft zu bekommen. Dann setzte ich mich auf den nassen Fassboden. Das Wasser reichte mir knapp bis zu den Hüften. Es wurde langsam kälter.

Ich fror. Ich rief immer wieder. Aber niemand schien mich zu hören. Es mochten Stunden vergangen sein, als das Türchen wieder herausgenommen wurde. Draussen rief Bamert: «Wie lange willst du in dem Fass noch putzen, komm endlich heraus, du fauler Hund.»

Ich kroch aus dem Fass und sah zuerst fast nichts. Das Abendlicht blendete mich, und blinzelnd schaute ich Bamert an. «Wer hat mich eingeschlossen?», fragte ich.

«Du wirst doch nicht behaupten, es habe dich jemand im Fass eingeschlossen!»

Bamert schlug mich mit der Hand ins Gesicht und sagte: «Du verdammter Lügner. Kein Mensch hat das Fass angerührt.» «Aber das Türchen war zu», sagte ich. «Das Türchen? Du spinnst wohl. Geschlafen hast du in dem Fass, anstatt zu putzen.» «Das ist nicht wahr, Herr Bamert», sagte ich. «Jemand hat mich im Fass eingeschlossen.»

«Du lügst. Ich verstehe jetzt den Zangger, der dich in eine Anstalt bringen will. Jetzt verstehe ich es. Du bist ein Lügner. Morgen brauchst du nicht mehr zu kommen, ich will keine Faulenzer auf meinem Hof, verstanden?» Ich ging am folgenden Morgen trotzdem wieder auf den Hof. Ich hatte zu Hause nichts vom Fass erzählt. Aber ich hatte fast nicht geschlafen. Ich träumte immer wieder davon, noch im Fass zu stecken. Manchmal rief ich im Schlaf. Zweimal schaute Mutter ins Schlafzimmer und weckte mich auf.

«Was hast du denn, kannst du nicht still sein, du weckst die ganze Nachbarschaft. Du weisst, dass Herr Nyffenegger Ruhe braucht, er ist schwer krank.»

Bauer Bamert lachte, als er mich kommen sah. «Aha, da kommt ja unser Knechtlein wieder. Angst gehabt?» «Guten Tag», sagte ich und nahm wortlos den Viehstriegel. Nach dem Morgenessen sagte er: «Heute kannst du die anderen Fässer putzen.» Ich putzte sie.

Am Samstag kam mein Vormund. Er setzte sich an den Stubentisch und sagte: «So, jetzt haben wir eine Entscheidung getroffen; du wirst für drei Wochen in eine Anstalt gebracht.»

Ich weinte. «Du brauchst keine Angst zu haben, drei Wochen sind schnell vorbei. Dann kommst du wieder nach Hause.»

«Aber warum denn?», fragte ich. Er schwieg lange. «Sag du's ihm», sagte er zu Vater. «Ich? Warum ich? Du bist der Vormund, du hast doch alles eingefädelt.» Er wandte sich an Mutter. «Und du. Sagt ihm das selbst. Ich war nie einverstanden.»

«Gut», sagte mein Vormund. «Ich kann dir ganz genau erklären, warum du für die drei Wochen in die Anstalt gehst. Zuerst einmal soll das eine Strafe sein. Vielleicht merkst du in den drei Wochen, was du verbrochen hast.»

Ich wollte etwas sagen, aber er hob die Hand, als ob er mich schlagen wollte. Ich schwieg und machte mich ganz klein auf meinem Stuhl. «Du hast ein Haus angezündet, du hast deinen Vater mit den Schläuchen bei Huber betrogen, du hast ein Mädchen geschändet, und ausgerechnet bei Bauer Bamert warst du der faulste Kerl. Während die andern auf dem Feld gearbeitet haben, hast du in einem Fass geschlafen. Und als dich Bamert zur Rede gestellt hat, hast du behauptet, man hätte dich im Fass eingeschlossen. Weisst du, wer Bamert ist? Einer unserer besten Kirchenpfleger, ein guter Mann, und von ihm hängt es ab, was mit dir geschieht. Gemeinderat ist er auch. Was glaubst du, wem ich glaube? Dir vielleicht, einem Kerl, der alle Voraussetzungen hat, im Zuchthaus zu landen?» Er keuchte.

Dann fuhr er leiser fort: «Schön hast du's hier gehabt. Einen Vater, eine Mutter, wir alle haben es mit dir gut gemeint. Alle. Du hast zu essen gehabt, ein Bett, und auch im Glauben hat man dich erzogen. In der Schule haben es die Lehrer immer wieder versucht mit dir. Und du?»

Er wurde wieder lauter: «Und du, was hast du gemacht? Gelogen und gestohlen, dich aufgeführt wie ein Schwein, dass das ganze Dorf sich vor dir ekelt. Jetzt hast du deinen Lohn: die Anstalt.»

Er schwieg. Ich begriff nicht, was vorging. Ich sass da und starrte meinen Vormund an. In eine Anstalt?

Der Brand im Schuppen? Ein Zufall, dass das Ofenrohr nicht gezogen hatte. Die Schläuche? Vater hatte mir sofort verziehen. Ein Bubenstreich, ausgeheckt hinter der Scheune mit meinem Freund Ernst.

Susi? Was taten denn die grossen Schüler mit den Mädchen beim Schlittenfahren, beim Baden im Frauentümpel? Das

Fass? Warum hatte mich der Bauer Bamert eingeschlossen? Warum?

Wir hatten geraucht. «Nielen» hatten wir geraucht und Zigaretten. Alle waren dabei gewesen: Ernst und Paul, Röbi und Kurt, Alwin und Fritz, die Bosshard-Buben und die Söhne vom Spezereihändler Kunz, der an Asthma gestorben war, und die Buben des Schuhmachers Hauser, der den Wiedertäufern die Schuhe sohlte, um nicht zu verhungern. Einmal hatten wir im Herbst das dürre Gras an der Bahnlinie angezündet, weil es nicht durch Funkenwurf der Dampflokomotive in Brand gesetzt worden war.

Was noch?

An der Fastnacht waren wir aus der Sonntagsschule davongerannt, um den Umzug zu sehen, die Masken, die uns Angst und Schrecken einzujagen versuchten. Und am Schüblig-Dienstag hatten wir die Schule geschwänzt. Ernsts Tante hatte uns als «Lumpenpack» verkleidet und als «Böggen» auf die Strasse geschickt. Sie war Sonntagsschullehrerin und lachte, wenn jemand sagte, hinter Masken verberge sich der Teufel, wie Mutter das immer behauptete.

Wir sind auch immer zu spät nach Hause gekommen, wenn im Dorf eine Kavallerieschwadron einquartiert worden war. Wir konnten uns von den Soldaten mit den langen Säbeln nicht trennen. Erst wenn die Stallwache aufgezogen war und die Pferde schnaubend ihren Hafer kauten, gingen wir nach Hause.

Ich war nie allein. Immer hatte ich meine Freunde bei mir. Auch wenn wir hinter der Scheune bei Ernst Spatzen fingen.

Vetter Gottfried hatte immer gedroht: «Wenn ich euch einmal beim Buchfinken- oder Meisenfangen erwische, dann versohle ich euch den Arsch!»

Aber er erwischte uns nie. Die Buchfinken liessen wir immer wieder frei. Manchmal reizten wir den weissen Hahn, bis er uns angriff.

Manchmal brachte uns Karamel-Gusti, der Sohn des asthmatischen Spezereihändlers, gestohlene Maggi-Suppen, die wir auf einem kleinen Feuer kochten. Was sollte an all dem Schlechtes sein?

Und jetzt die Anstalt.

«Für drei Wochen kommst du in die Anstalt, dann kannst du wieder heimkommen», sagte mein Vormund. Drohend setzte er hinzu: «Aber nur, wenn du dich dort gut aufführst.»

Vater ging hinaus. Er war bleich, und seine Hände zitterten. Er sagte nichts. Er ging hinaus.

Er ging den kleinen Kirchenweg hinauf, zu Metzger Krauer in die Wirtschaft, um ein Bier zu trinken. Das machte er immer, wenn er Schwierigkeiten ausweichen wollte.

Herr Zangger stand auch auf. «Drei Wochen», sagte er noch einmal. «Wenn du dann nichts gelernt hast, dann kann dir keiner mehr helfen. Dann wirst du im Zuchthaus enden.»

Mutter schickte mich sofort ins Bett.

«Vergiss nicht zu beten», sagte sie, «dann fällt dir alles leichter. Ich habe es dir immer gesagt, aber: ‹Wer nicht hören will, muss fühlen.›»

Ich weinte.

«Hör auf zu weinen. Das ändert nun auch nichts mehr. Du wirst die drei Wochen schon überstehen.»

Sie löschte das Licht und schloss die Tür.

Spät in der Nacht hörte ich Stimmen. Vater war aus dem Wirtshaus heimgekommen. Ich hörte ihn fluchen. Er fluchte selten.

Ich stand auf und legte mich auf den Kammerboden, um besser zu hören.

«Du bist besoffen», sagte unten Mutter. «Gott wird dich strafen, wenn du das bisschen Geld, das du verdienst, in die Wirtshäuser trägst.»

Vater murmelte etwas, das ich nicht verstand. Dann sagte er laut: «Was seid ihr für Menschen, du und der Zangger. Was macht ihr mit dem Buben? Warum gehört er in eine Anstalt?

Er ist nicht schlecht, er ist auf jeden Fall nicht schlechter als alle andern Buben im Dorf. Aber er muss in die Anstalt!»

Er schrie die letzten Worte.

Da klatschte es. Mutter hatte ihn geschlagen.

Stille.

Dann wieder Vaters Stimme: «Ich begreife es nicht.»

Er schluchzte.

«Du wirst es begreifen müssen. Ich bin dem Buben nicht mehr gewachsen. Und du», sie dehnte das «du», «du hast nichts für seine Erziehung getan. Du hast alles mir überlassen. Ich musste mich um alles kümmern. Wenn Bruder Gottlieb mir nicht geholfen hätte ...»

«Hör auf mit diesem verdammten Stündler, diesem schleimigen Kerl», sagte Vater.

«Er hat mir geholfen», sagte Mutter. «Er war es, der dem Buben den richtigen Weg gewiesen hat, er war es ...»

«Hör auf», unterbrach sie Vater. «Der Bub gehört so wenig in eine Anstalt wie Ernst oder irgendeiner. Aber mich hat man nicht gefragt.»

«Das war nicht nötig, du wärest sicher nicht damit einverstanden gewesen, so wie wir dich kennen. Und: Warum konnte der Bub nicht wie Hilda sein? Warum musste er sich immer vom Geschirrabtrocknen drücken, warum hat er nicht im Garten geholfen? Weil er zu faul ist, weil er alles andere im Kopf hat als Arbeit. Hilda ...»

«Hör auf», sagte Vater. «Hilda darf alles tun. Hilda hin und Hilda her, Hilda vorn und Hilda hinten.»

Sie schlug ihn wieder. Ich hörte, wie er schluchzend die Treppe heraufkam. Ich schlüpfte rasch unter die Decke. Er schaute kurz herein und ging dann in seinen Socken durch den kleinen Korridor hinüber ins Schlafzimmer.

Mutter betete laut in der Stube.

Ich schlief lange nicht.

Die Burg

Mutter nahm Hemden und Socken heraus. Sie legte alles auf mein Bett, ordnete Taschentücher und Socken, sah sorgfältig nach, ob alles geflickt sei.

«So, das wird reichen», sagte sie schliesslich. «Hol noch die beiden Pullover aus der Kommode und die gestrickte Mütze aus der Schublade in der Stube. Es wird kälter.»

Ich sass auf dem Boden der Schlafkammer und sah ihr zu. Ich glaubte es noch immer nicht. Es war alles unwirklich, fremd, unverständlich. Wie viele Male hatte mir der Vormund damit gedroht. Jetzt war es so weit. Ich hatte seit einiger Zeit Angst, dass dieser Tag kommen würde.

«Hoffentlich nützt es etwas», sagte Mutter, als ich Pullover und Mütze geholt hatte. «Das Heim soll gut sein, sagt Herr Zangger. Genug Essen, gute Betten, freundliche... Leute. Es dauert nur drei Wochen. Das wirst du überstehen.»

Sie legte den grossen Segeltuchkoffer, den Vater für Othmar gekauft hatte, aufs Bett, löste die Riemen und klappte ihn auseinander. Sie blies hinein. Staub wirbelte auf.

«Trag Sorge zum Koffer. Er ist ein gutes Stück. Bring ihn wieder ganz nach Hause.»

Sie legte die Hemden hinein, die Socken, die Taschentücher.

«Wie oft haben wir dir gesagt, dass du gehorchen sollst. Wie oft hat dich Herr Zangger gewarnt. Aber es hat alles nichts genützt. Du hast nie geglaubt, dass es Herrn Zangger mit der Anstalt ernst sei. Es ist bitter für dich, aber auch für uns. Wir schämen uns für dich. Im Dorf zeigt man mit Fingern auf uns. Dabei taten wir nur unser Bestes.» Sie schwieg, und Tränen traten in ihre kranken Augen. Sie packte die restlichen Wäschestücke ein, strich sorgfältig mit der Hand darüber, band die breiten Leinenbänder fest zusammen, damit nichts durcheinanderrutschte, wenn man den Koffer aufstellte. Pullover, Pantoffeln und die gestrickte Mütze legte sie in den andern Teil des Koffers, band sie fest und klappte den Koffer zu. «Hoffentlich hast du alles, was du brauchst, sonst schreib uns. Wir haben vielleicht auch Fehler gemacht, Gott allein weiss das. Wir werden jeden Tag für dich beten.»

Sie hob den Koffer vom Bett: «Trag ihn hinunter.»

Ich schleppte den Koffer in die Stube und stellte ihn neben den kalten Ofen.

«Es ist Zeit für die Schule. Am Abend kannst du noch baden.»

Ich holte meinen Schultornister und ging zum letzten Mal den Weg zur Schule. Das Schulhaus stand in einer Anlage. Ich erinnerte mich an all die Spiele, die wir hier gespielt hatten. Meine Kameraden wussten, dass ich von der Schule wegging. Sie wussten nur nicht, wohin ich gebracht wurde. Einige hatten zu Hause etwas gehört. Einer rief mir «Anstältler» nach, die andern starrten mich wie ein fremdes Tier an. Im Französisch versprach ich mich immer wieder. Mich interessierte der Unterricht nicht mehr. Wo würde ich morgen abend sein? Wo würde ich essen, wo schlafen? Lehrer Amsler sagte kurz vor Schluss der Stunde:

«Bernie wird uns heute verlassen. Damit alle wissen, wohin er geht: Er kommt in eine Anstalt. Das hat er verdient. Warum, wisst ihr, und es hat keinen Sinn, alles noch einmal aufzuzählen. Bernie braucht eine starke Hand, wenn das überhaupt noch etwas nützt. Ja, Bernie, jetzt musst du die Suppe auslöffeln! Deine Pflegeeltern haben dir geholfen, wo es ging. Du hast es ihnen schlecht vergolten. Du kannst von Glück reden, dass man dich nur in eine Anstalt bringt. In Deutschland draussen würde man anders mit dir umspringen. Dort herrschen Zucht und Ordnung, und die jungen Menschen wissen, was sie zu tun haben, auf was sie stolz sein können. Sie sind in der Hitlerjugend, arbeiten für ein hohes Ziel...»

Er schaute mich abschätzig an: «Nun, da kann man nichts machen. Wir sind nicht so weit...»

Er wischte sich über die Stirn. «Morgen fahren wir ins Ritterhaus nach Bubikon. Nehmt einen kleinen Imbiss mit. Jetzt könnt ihr nach Hause gehen.»

Mir gab er die Hand nicht. Er sah mich an und murmelte: «Hau ab! Am besten, du kommst nie mehr zurück.»

Ich stieg die Sandsteintreppe hinab und öffnete das Schulhaustor. Die Sonne blendete mich. Ich sah wie durch einen Schleier hindurch meine Kameraden in Grüppchen beieinander stehen. Sie schauten zu mir herüber, als ich mein Fahrrad aus dem Rechen nahm. Im Ledertäschchen klirrte das Werkzeug. Ich fuhr langsam an ihnen vorbei. Nur Ernst rief: «Mach's gut.» Die andern schwiegen und starrten mir nach. Ich fuhr durchs Oberdorf, nahm heftig tretend die grosse Kurve, die auf den Platz mit dem Brunnen führte, bremste, als ich in den Weg zu unserem Haus einbog.

Ich stellte das Fahrrad an die Hauswand, ging in die Stube. Da stand der Segeltuchkoffer. Lange starrte ich ihn an. Meinen Schultornister schleuderte ich in die Ecke, zur Nähmaschine, ging vors Haus und setzte mich auf die Bank. Im kleinen Beet um den Zwetschgenbaum blühten Astern. Die Blätter der Himbeerstauden hatten gelbe Ränder. Die Erde war brüchig. Es war bald Herbst. Drüben beim Gärtner stand ein Beet voller Dahlien. Am Himmel kreisten Rauchschwalben, kreischten in langen Pfiffen. Vater kam aus der Fabrik. Ich ging mit ihm ins Haus. Wir setzten uns wortlos an den Küchentisch. Mutter betete wie immer. Nach dem Essen sagte Vater: «Bernie, ich habe noch mit dir zu reden.»

Wir gingen aus dem Haus. Vater schlug den kleinen Pfad zum Schuppen ein. Ich ging hinter ihm her und hatte keine Angst.

Wir setzten uns auf eine alte Kiste, die mit Holzwolle gefüllt war.

«Morgen musst du weg», begann er. «Ich hatte keine Möglichkeit, Herr Zangger von dieser Idee abzubringen. Stundenlang habe ich mit ihm gestritten. Er ist überzeugt, dass es für dich das beste sei. Ich habe ein ungutes Gefühl.» Ich scharrte mit den Füssen in der weichen Erde und wusste nicht, was ich sagen sollte.

«Bin ich so schlecht?», stiess ich endlich hervor.

Vater gab keine Antwort. Er stand auf und ging zu den Himbeerstauden. Er schaute die kleinen, sich zusammenrollenden Blätter an, kehrte mir den Rücken zu. Als er sich umdrehte, merkte ich, dass er Mühe hatte zu reden.

«Was heisst schlecht. Ich weiss nicht, wie man so etwas feststellen kann. Ich weiss es nicht, und ich will es auch gar nicht wissen. Für mich warst du genauso wie deine Kameraden. Nicht besser, nicht schlechter. Das ist alles, was ich weiss.»

«Warum muss ich denn weg?»

«Ich habe es dir gesagt. Mehr weiss ich auch nicht.»

Er setzte sich wieder zu mir, nahm meine Hand.

«Das ist keine Anstalt, in die Herr Zangger dich bringt. Es ist eine Beobachtungsstation. Weil du keine richtigen Eltern hast, will man einiges herausfinden. Ich verstehe es selbst nicht so recht; aber die Leute dort werden dich gut behandeln. Das hat Herr Zangger mir versprochen. Halt dich gut. Dann wird man dich nach drei Wochen wieder nach Hause schicken. Kein Mensch wird je wieder darüber reden.» Er machte eine Pause.

«Vielleicht haben wir es dann leichter miteinander, wer weiss.»

Die Sonne fiel durch die Zweige der Linde. Im Unterdorf läutete die Glocke der katholischen Kirche.

«Ich sehe dich morgen früh nicht mehr. Ich bin schon in der Fabrik, wenn du gehst.»

Ich fiel ihm wortlos um den Hals. Er hielt mich fest. Seine ganze Hilflosigkeit lag in dieser Umarmung. Auf dem Weg zum Haus fragte ich: «Darf ich nach drei Wochen bestimmt wieder heimkommen?»

Vater schien sich genau zu überlegen, was er sagen sollte. «Ja, ich denke schon, Herr Zangger hat es so gesagt. Drei Wochen seien genug, dann wüsste man, was mit dir los ist.» An der Haustür drückte er mich noch einmal an sich. «Schlaf gut», sagte er. Dann ging er zum Schuppen. Ich schlief schlecht und träumte von meinem Koffer.

Herr Zangger stand schon früh vor dem Haus und rief nach Mutter. Es war Freitag. Der Vater von Ernst fuhrwerkte mit den Kühen das letzte Emd zur Scheune. Ich stand am Stubenfenster. Er fluchte, schlug mit der Peitsche auf die schweren Tiere ein. Nichts hatte sich verändert. Posthalter Meier schaute aus dem Fenster. Von der andern Seite des Platzes pfiff der Milchmann. Es war wie immer. Es war wie ein Bilderbuch, das man jeden Tag angeschaut hatte.

«Guten Tag», sagte mein Vormund, als ich aus dem Haus trat. Ich trug meine Sonntagshose, die Kniestrümpfe und den grünen Pullover, den ich zu Weihnachten mit den Sportschuhen von der Hotzschen Stiftung bekommen hatte. In der rechten Hand schleppte ich den Segeltuchkoffer. Ich war bereit. Die Nachbarin hielt mit Teppichklopfen inne. «Mach's gut, Bernie, alles Gute», rief sie. Ich wusste nicht, was ich antworten sollte. Der Vater von Ernst schaute herüber und hielt die Peitsche über die beiden Kühe. Ich sah alle. Niemand ging mich mehr etwas an. Ernsts Tante kam über den kleinen Weg gelaufen und drückte mir wortlos eine riesige Block-Schokolade in die Hand. Die bucklige Schwester des Schuhmachers brachte mir drei Taschentücher. «Leb wohl, bleib gesund», murmelte sie.

«Komm», sagte mein Vormund barsch, «der Zug wartet nicht.»

Ich schaute weder nach rechts noch links, ging mit gesenktem Kopf neben meinem Vormund. Ich hörte, wie Ernsts Vater mit der Peitsche knallte. Ich hörte, wie der Hahn drüben seinen Morgengruss schrie. Ich war traurig, ich schämte mich.

Am Bahnhof holte der Vormund die Fahrkarten.

«Einmal Zürich retour und ein halbes Zürich einfach», sagte er. Draussen fuhr rumpelnd der Zug von Rapperswil ein.

Nur wenige Menschen waren auf dem Perron. Sie schauten uns zu, wie wir einstiegen. Der Zug fuhr an, schlingerte über die Weichen und ratterte langsam über den hohen Viadukt, der Bachtann von Rüti trennte. Ich sah zum Turm der katholischen Kirche; ich sah das grosse Baugeschäft mit den breit ausladenden Bretterstapeln; ich sah die Schafe, die unterhalb der Gärtnerei weideten. Dann pfiff die Lokomotive zweimal, das grosse Bannholz flog am Fenster vorbei, Bachtann blieb, kleiner werdend, zurück. Ich sass und sah aus dem Fenster. Ich weinte leise, sah hin und wieder ein Bahnhofsschild: Wetzikon, Uster, Dübendorf, Wallisellen, Oerlikon, der lange Tunnel, der hohe Viadukt mit den auf- und absteigenden Bögen bei der Einfahrt in Zürich.

Wir traten aus der grossen Bahnhofshalle, gingen über den belebten Bahnhofplatz zur Bahnhofstrasse und stiegen in eine Siebner-Strassenbahn. Hier gab es so viele Menschen und Autos. Am See lief ein weisses Schiff tutend in den Hafen ein. Menschen winkten mit weissen Tüchern.

Bei der Station Feldegg stiegen wir aus. Mein Vormund erkundigte sich beim Tramkondukteur nach dem Weg zur Stefansburg.

«Da sind Sie im falschen Tram gefahren, guter Mann», lachte der Trämler. «Sie hätten zur Burgwies fahren sollen, von dort wäre es ein Katzensprung gewesen. Nun, jetzt gehen Sie eben die Mühlebachstrasse hinauf, und dann fragen Sie am besten wieder.»

Wir fragten uns bis zur Stefansburg durch. Der Weg war

lang. Mein Vormund schwitzte. Er sprach kein Wort. Die Burg stand auf einem Hügel. Dahinter dehnte sich der Wald bis zur Irrenanstalt. Schmale Pfade führten in einen Wald, der von einem hohen Zaun umgeben war. Am Tor begrüsste uns ein Mädchen in einer weissen Schürze.

«Kommen Sie nur», sagte sie, «das Fräulein Doktor erwartet Sie.» Wir gingen zum dreistöckigen Haus mit dem Flachdach. Sie führte uns durch einen kleinen Korridor. An einer Tür mit der Aufschrift «Büro» klopfte sie und liess uns den Vortritt. Eine Frau mittleren Alters begrüsste uns und schickte mich sofort zu den Kindern. Als ich wieder gerufen wurde, standen das Fräulein Doktor und mein Vormund auf dem Weg zum Gartentor.

«Sag deinem Vormund adieu», forderte mich das Fräulein Doktor freundlich auf. Ich wollte ihm die Hand geben. Er nahm sie nicht. Vielleicht hat er sie gar nicht gesehen. Zur Doktorin gewandt, meinte er: «Rufen Sie mich an, wenn er Schwierigkeiten macht.»

Der kleine, dicke Mann ging zwischen den hohen Tannen. Er achtete genau auf den Weg; seine Kurzsichtigkeit machte ihm zu schaffen. Unten, wo der Weg in die Kartausstrasse mündete, nahm er wieder den falschen Weg.

Ich ging zurück ins Spielzimmer. Etwa 30 Kinder machten einen Höllenlärm. Dazwischen tönten hell die beschwichtigenden Stimmen der jungen Mädchen, die Aufsicht führten. Es waren Kinder dabei, die noch nicht einmal die Schule besuchten, und solche, die schon bald aus der Schule entlassen würden.

Fräulein Knuchel fragte mich: «Möchtest du mitspielen?» Das Nachtessen wurde vom Burghölzli gebracht. Zwei Männer kamen mit einem Wagen, darauf standen die Kessel. Die Männer waren wortkarg, luden die Kessel ab und gingen grusslos wieder weg.

Wir assen und schwatzten. Ich beobachtete die Kinder. Das also war eine Anstalt.

Sechzehn Kinder schliefen im gleichen Saal, ich erhielt ein Bett am Fenster. Ich sah auf die Stadt hinunter. Die Lichter, die überall aufblinkten, wirkten beruhigend. Ich weinte die halbe Nacht. Einmal erwachte ich und glaubte, zu Hause zu sein. Doch im dunklen Zwielicht erkannte ich den fremden Saal, wo Kinder unruhig schliefen, murmelten und leise husteten.

Gehilfinnen oder Praktikantinnen nannte man die Mädchen, die uns in der Stefansburg betreuten. Sie gingen mit uns spazieren, assen mit uns am selben Tisch, halfen uns bei den Schulaufgaben und badeten die Kleinen.

Es gab auch Bettnässer; niemand schimpfte mit ihnen, niemand strafte sie. Die Mädchen sagten höchstens: «Was hast du wieder gemacht!» Einmal in der Woche kam ein Psychiater. Er rief einzelne Kinder in ein Sprechzimmer, stellte Fragen, manchmal untersuchte er uns. Alles, was man sagte, trug er in ein Büchlein ein. Er fragte nach meinen Pflegeeltern. Ich beantwortete die Fragen, so gut ich es konnte.

«Gefällt es dir bei uns?», fragte er einmal, als er mich untersuchte.

«Ja, aber ich möchte lieber wieder nach Hause.»

«Das kann ich verstehen. Aber du wirst noch eine Weile bei uns bleiben müssen. Ich denke bis Weihnachten.» Ich schaute ihn ungläubig an. Das waren ja drei Monate!

«Bis Weihnachten?»

«Ja, warum?»

«Man hat mir versprochen, dass ich nur drei Wochen hier sein müsste. Herr Zangger hat gesagt, dass ich in drei Wochen wieder zu Hause sei.»

«Das stimmt nicht ganz. Die Untersuchung dauert eben länger als drei Wochen, das wäre zu kurz.»

«Ich möchte aber nach Hause.»

«Du darfst auch nach Hause, aber nicht in drei Wochen. Herr Zangger hat dir da etwas Falsches gesagt.»

Ich zog mich hastig wieder an und war wütend auf meinen Vormund. Er hatte mich angelogen. Er hatte mir versprochen, ich müsse nur drei Wochen im Heim bleiben. Dabei hatte er es bestimmt gewusst. Hatte es Papa auch gewusst? Ich ging ins Spielzimmer zurück. Ich war zornig und wollte nicht mitspielen. Ich setzte mich hinter meine Schulaufgaben, aber ich dachte immer daran, dass mich alle angelogen hatten. Drei Monate! Unter diesen Kindern! Drei Monate!

Einmal im Monat wurden wir gewogen. Am Sonntag früh rief uns ein Mädchen in ein Zimmer neben dem grossen Schlafsaal. Gleich neben der Tür stand die Waage in der Ecke. Frau Doktor sass an einem Tisch, eine Liste vor sich. Als das Mädchen meinen Namen rief, sprang ich aus dem Bett und ging ins Nebenzimmer.

«Zieh dein Nachthemd aus, und stell dich auf die Waage», befahl die Frau Doktor. Eines der Mädchen kam ganz nahe heran, blickte auf die Waage und sagte: «45 Kilo.» Dabei betrachtete sie mich. Sie war blond, und ihre weisse Schürze wölbte sich über dem Busen. Ich sah sie an. Sie lächelte. Die Doktorin trug etwas in die Liste ein und sagte: «Bleib noch. Ich möchte dich etwas fragen.»

Ich stieg von der Waage und stellte mich nackt vor sie hin. Die Mädchen schauten mich an. Sie flüsterten miteinander. Ein komisches Gefühl befiel mich. «Was willst du werden?», fragte die Ärztin.

Ich versuchte, meine Erregung zu unterdrücken. Die Mädchen schauten mich noch immer an.

«Ich weiss nicht», stotterte ich verlegen. «Ich möchte noch in die Schule gehen.»

«Aber deine Noten sind eher schlecht», wandte sie ein. «Da wirst du dir Mühe geben müssen. Warum hattest du Schwierigkeiten in der Schule? An der Intelligenz scheint es dir nicht zu fehlen.»

«Ich weiss nicht.» Meine Erregung wuchs. Ich konnte sie nicht unterdrücken.

«Du scheinst dich nicht beherrschen zu können», sagte die Ärztin plötzlich laut. «Los, geh zurück ins Bett.»

Ich rannte aus dem Zimmer, glühte vor Scham und war wütend auf die Mädchen. Ich schlüpfte unterwegs in mein Nachthemd, sprang ins Bett und zog die Decke über den Kopf. Wegmann wurde gerufen. Er war viel grösser und auch um einiges älter als ich. Er hatte schon Flaum auf der Oberlippe. Er machte immer grobe Witze und freute sich, wenn eines der Mädchen zuhörte und dann davonrannte. Er ging hinüber. Ich hörte die hellen Stimmen der Mädchen. Plötzlich kam er grinsend zurück und warf sich ins Bett. Ich sah, wie sein Arm sich unter der Decke bewegte, dann lag er plötzlich still da.

Zwei Wochen später, als wir wieder gewogen wurden, hörte ich die Mädchen plötzlich kreischen, als Wegmann drüben war. Die Ärztin schrie etwas. Dann klatschte es ein paar Mal. Wegmann kam in den Schlafsaal gestürmt und verkroch sich im Bett.

«Die werden mich nie mehr auf die Waage holen», grinste er. Er wurde tatsächlich nie mehr gewogen. Schon am nächsten Tag packte er sein Köfferchen. Er kam ins Knabenheim Selnau.

Der Winter zog über die Stadt. Der Uetliberg hatte eine weisse Kappe, die Geräusche aus der Stadt tönten gedämpft herauf. Ich ging ins Münchhaldenschulhaus zur Schule, als einziger der «Burg». Die Lehrer halfen mir, die Buben und Mädchen aus der Stadt spielten mit mir, als ob ich in der Stadt bei meinen Eltern wohnen würde. Sie nannten mich «Oberländer». Am Abend musste ich immer in die Burg zurück. Auch am Schulsilvester durfte ich nicht in die Stadt.

Die drei Wochen waren längst vorbei. Ich hatte noch zweimal probiert, nach Hause zu kommen. Einmal war ich einfach zum Doktor gegangen und hatte ihn gebeten, mich endlich gehen zu lassen.

«Du bleibst mindestens bis Weihnachten hier», sagte er. «Und damit basta. Wir sprechen nicht mehr darüber.»

In meiner freien Zeit pflegte ich die Kaninchen. Ich mistete jeden Samstag den Stall aus und legte frisches Stroh hinein, schüttete Heu und Hafer auf.

Wenn es Apfelwähen gab, mussten wir die Backbleche im Burghölzli holen. Ich fürchtete mich immer ein wenig. Auf der andern Seite des Waldes standen Männer, die uns grusslos nachblickten, manchmal ballte einer die Faust und drohte uns, andere murmelten vor sich hin.

Ich hatte Angst, wenn plötzlich in dem riesigen, düsteren Anstaltsgebäude eine Frau schrie, wenn Wortfetzen zu mir drangen, die ich nicht verstand. Ich drängte mich dann an das Mädchen, das uns begleitete, und ging schneller. Manchmal sahen wir an den Gittern Gesichter, die uns ausdruckslos anstarrten. Männer kamen manchmal langsam auf mich zu und versuchten, mit einem idiotischen Grinsen mein Gesicht zu berühren.

Im zweiten Monat in der Burg hatte ich viele Prüfungen zu bestehen. Tests, nannte es der Doktor. Ich verstand nicht, was man von mir wollte, aber ich machte immer eifrig mit. Ich hatte nur einen einzigen Gedanken: überall mitmachen, um so rasch als möglich nach Hause zu dürfen. Die letzten Tests kurz vor Weihnachten waren schwierig. Ich hatte aus bunten Farbtafeln Bilder herauszulesen.

«Was siehst du jetzt?», fragte der Doktor und legte mir ein Blatt mit vielen Klecksen hin.

«Das sind Eichhörnchen», sagte ich. «Da ist viel Blut, und da scheint die Sonne aus hellen Wolken wie im Sommer, wenn ein Gewitter über den Bachtel zieht und Hagel bringt. Ja, hier sind die gelben Wolken.»

«Gut, gut», sagte er und machte sich Notizen.

Er legte ein neues Bild vor mich hin. «Und da?»

«Eine Beerdigung. So sah es aus, als Vater Nyffenegger zu Grabe gefahren wurde. An einem heissen Pfingstsonntag. Ein Wagen mit schwarzen Pferden, schwarz gekleidete Leute. Seine vier Buben weinten auf dem ganzen Weg nach Dürnten.»

Ich hielt inne. Ich starrte auf das Blatt. «Warum lacht der hier? Was ist denn das für einer?» Ich erschrak. «Das ist mein Vormund, was macht der da? Er war gar nicht an der Beerdigung, ich weiss es ganz genau.» Ich schob das Blatt weg. Der Doktor räusperte sich und sagte: «Setz mal dieses Spiel zusammen.»

Er gab mir verschiedene eckige Klötze, die ich schon nach kurzer Zeit zu einem grossen Würfel zusammengesetzt hatte.

Am nächsten Tag musste ich zwei Aufsätze schreiben. Ich berichtete in dem einen, was mit den Fahrradschläuchen geschehen war. Er hatte mir dieses Thema gegeben. Der zweite Aufsatz handelte von Susi.

Der Doktor las meine Aufsätze wortlos und schickte mich ins Spielzimmer zurück.

Kurz vor Weihnachten erhielt ich in der Sekundarschule im Münchhaldenschulhaus mein Zeugnis. Lehrer Hänggi gab es mir: «Ich bin zufrieden mit dir. Du hast schön aufgeholt mit den Noten.» Ich war ein bisschen stolz und freute mich.

«Was wird jetzt aus dir?», fragte er.

«Wirst du nach Hause fahren? Hast du Eltern?»

«Ja, Pflegeeltern», sagte ich. «Ich freue mich, dass ich endlich wieder nach Hause darf.»

«Wenn du einmal in Schwierigkeiten bist, dann schreib mir», sagte Hänggi und gab mir die Hand. «Also, mach's gut. Aus dir kann etwas werden.»

Noch nie hatte ein Mensch das zu mir gesagt, ausser Papa. Meine Kameraden winkten mir aus dem Fenster des Singsaales nach, als ich die Strasse zur Burg hinaufging.

Der Doktor liess mich am gleichen Abend in sein Sprechzimmer kommen.

«Du fährst an Weihnachten heim!», sagte er.

Endlich waren die drei Monate vorbei.

Der Doktor blätterte im Büchlein, das er immer auf sich trug, wenn er mit uns sprach. Er musterte mich und sagte: «Wir haben ein klares Bild von dir gewonnen. Es war gut, dass du da warst. Deine Eltern werden es nun leichter haben.»

Er hielt inne und legte das Büchlein auf die andere Seite des Schreibtisches.

«Ich kann dir zwar noch nicht sagen, was das Beste für dich ist. Ich werde einen Bericht ausarbeiten und ihn deinem Vormund schicken.»

Er sah, dass ich erschrak, als er Vormund sagte. «Du brauchst keine Angst zu haben», beschwichtigte er mich, «es wird ein guter Bericht.»

Ich atmete auf.

«Welche Schlüsse dein Vormund daraus zieht, wissen wir nicht. Er allein entscheidet. Unser Rat wird sein, dich in der Familie zu lassen, wo du bist; den Lehrern werden wir empfehlen, sich mehr um dich zu kümmern.»

Das Heft, das vor ihm lag, war klein und blau und hatte ein weisses Schild. Er schlug es wieder auf: «Hat man dich einmal aufgeklärt, ich meine, über die Mädchen und die Burschen?»

«Nein», sagte ich und dachte an Susi und an die junge Gehilfin. Sie war ein lustiges Mädchen, spielte mit uns «Völkerball» und Verstecken. Am Abend brachte sie die Kleinen zu Bett. In unserem Schlafsaal tauchte sie nie auf. Einmal war sie während der Futterzeit zu den Kaninchenställen gekommen. Sie sah mir bei der Arbeit zu. Ich erklärte ihr, wie man ein Tier am Pelz packte und heraushob. Sie probierte es und liess das wild zappelnde Kaninchen fallen. Es hoppelte davon. Wir schwitzten und hatten rote Gesichter, als wir das Tier endlich eingefangen hatten. Ich hob es in den Stall, und es verzog sich sofort in die hinterste Ecke. Sie kam ganz nahe heran und schaute in die Ställe. Eines der Tiere schoss plötzlich hoch. Sie erschrak und packte meinen Arm.

«Was hat es?», fragte sie.

«Nichts, es ist nur erschrocken. Es wollte sich verstecken und fand nicht gleich die Ecke, in der es sich am sichersten fühlt.»

Ihr Gesicht war ganz nahe. Da riss ich sie an mich, hielt sie fest und versuchte, meine Lippen auf ihren Mund zu pressen. Sie schrie nicht.

«Lass mich los, bitte!»

Ich liess sie los. Sie atmete heftig. Ihr Gesicht war gerötet.

«Ich habe Sie lieb», stammelte ich.

Sie wich zurück.

«Ich weiss, es war mein Fehler, hierher zu kommen.»

Sie drehte sich um.

«Werden Sie es dem Doktor sagen?», fragte ich.

Sie hob nur die Hand, winkte, und ich winkte zurück.

«Du hast also noch nie gehört, was Mann und Frau tun, wenn sie Kinder wollen?», fragte der Doktor nochmals.

Natürlich hatte ich darüber gehört.

Wie viele Male hatte ich zugeschaut, wenn Ernsts Vater den Stier aus dem Stall führte, ihn laufen liess und lachte, wenn der Stier im Galopp zur wartenden Kuh rannte, sie ruckartig besprang.

Ernst und ich waren uns immer einig gewesen, dass es bei Menschen ähnlich zugehe. «Der Unterschied besteht darin, dass die Frauen sich auf den Boden legen», hatte Ernst behauptet.

«Doch», antwortete ich. «Ich habe es bei Tieren gesehen.»

Der Doktor schrieb etwas in das blaue Büchlein.

«Liebst du Fräulein Wagner?», fragte er unvermittelt.

Sie hatte es also doch erzählt!

«Ja, ein bisschen», stotterte ich.

«Du hast versucht, sie zu küssen, nicht wahr?»

«Sie wissen es ja.»

«Was hast du dabei empfunden und gedacht?»

Ich hatte Vorwürfe, aber nicht diese Frage erwartet. Ich überlegte lange.

«Sie ist schön», gab ich zurück. «Ich hatte das Verlangen, mit ihr lieb zu sein. Ich habe sie sehr lieb. Wie ein Mann eine Frau», setzte ich trotzig hinzu.

Er lächelte: «Ja, schon gut, ich verstehe das.»

Er klappte das Büchlein zu und setzte hinzu: «Das wär's.»

Ich war überrascht und wartete wortlos.

«Du bist jetzt das letzte Mal bei mir gewesen», sagte er. «Am 24. Dezember fährst du nach Hause. Wenn du dir nur ein bisschen Mühe gibst, wird alles gut werden.»

Er gab mir die Hand. Ich ging hinaus und eilte in den Schlafsaal, um meine Sachen zu packen. Fräulein Wagner stand am Schrank und hatte schon alles herausgenommen. Sie sah mich kommen. Ich blieb stehen und sah sie an. Sie lächelte, wandte sich dem Kasten zu und sagte: «Ich musste es dem Doktor sagen. Wir sind verpflichtet, jede auch noch so kleine Begebenheit zu melden. Es gehört zur Untersuchung.»

Sie nahm ein Hemd aus dem Kasten und legte es in den alten Segeltuchkoffer. «Es tut mir leid, dass ich dich enttäuscht habe.»

«Ich habe Sie noch immer lieb», sagte ich. «Sie sind ...» Ich wandte mich ab und rannte aus dem Schlafsaal. Als ich zurückkam war sie nicht mehr da. Mein Koffer stand fertig gepackt neben dem Bett.

Ich schlief schlecht, diese letzte Nacht in der Burg. Ich wälzte mich im Bett, träumte, erwachte, legte mich auf den Bauch und starrte auf die Stadt hinunter. Farbige Leuchtreklamen strahlten warmes, rotes Licht aus. Ich hatte von den

Mädchen gehört, dass es Krieg geben würde. Aber was kümmerte mich der Krieg. Morgen würde ich nach Hause fahren. Ich kroch unter die Decke.

Mein Zug! Den Segeltuchkoffer warf ich schwungvoll auf den Gepäckträger. Das Abteil füllte sich. Die Menschen hatten bunte Pakete mit aufgedruckten Christbäumchen und kleine Tannenbäume bei sich.

Mit einem schrillen Pfiff und einem kräftigen Ruck fuhr der Zug an, verliess die Halle, überquerte den grossen Viadukt mit den Bögen und kroch in den Tunnel nach Oerlikon. Es war herrlich. Es war die aufregendste Reise meines Lebens. Der Bachtel. Ich stand auf, ich lachte plötzlich. Rüti. Ich riss den Segeltuchkoffer vom Gepäckträger und schaute aus dem Fenster. Ja, da stand Papa! Ich sah den braunen Filzhut, sah sein rundliches Gesicht und sah, dass er lächelte. Ich stiess die Leute vor mir. Papa war da! Ich sprang vom obersten Tritt und rannte auf ihn zu. Ich liess den Segeltuchkoffer fallen und liess mich von ihm in die Arme schliessen. «Papa, Papa!» Ich drückte mein Gesicht an seinen Sonntagsrock. Er roch nach Toscanelli.

«Du bist gewachsen in den drei Monaten», sagte er und nahm den Segeltuchkoffer.

Als die Barriere geöffnet wurde, gingen wir über die Geleise an der Maschinenfabrik vorbei. Der riesige Kamin rauchte, und die kleine Bahn fuhr pfeifend aus dem Schlund der Lagerhallen. Wir stiegen über die schmale Passerelle und gingen das Unterdorf hinauf.

Mutter empfing mich wie immer.

«Du bist gross geworden», sagte sie ohne Bewegung. «Haben die dir so viel zu essen gegeben?»

Ich ging in die Stube und stellte den Segeltuchkoffer neben den Ofen. Er war warm, und durch die kleinen Fenster im oberen Türchen sah man die rotglühenden Briketts. Ich drehte mich um: das Sofa, darüber der Abreisskalender der evangelischen Kirche mit den Abendworten, die Hilda der Mutter immer vorgelesen hatte, das dunkle Buffet, Mutters Vergrösserungsglas, das sie zum Lesen benützte. Mein Kasten, in dessen Fuss ich mein Markenalbum und meine Spielsachen aufbewahrt hatte, die alte Kommode… alles war unverändert, wie vor drei Monaten.

Der Heilige Abend fand wie immer mit zwei Weihnachtsfeiern statt, einmal mit der Familie, einmal mit den Nachbarn, zweimal Kerzen aufgesteckt, zweimal die Weihnachtsgeschichte. Der erste Weihnachtstag kam mit einem gewaltigen Föhneinbruch, der die Schneemassen von den Dächern rutschen liess, den Keller in einen Tümpel verwandelte und Ziegel von der Scheune nebenan riss. Am zweiten Weihnachtstag hatte es nur noch schwarze Kerzenstummel am Christbaum, man sang nicht mehr «Oh du fröhliche», dafür gab es Streit. Othmar war mit seinem «goldenen Elisi» gekommen und hatte den Christbaum einen «Zwetschgenbaum» genannt. Vater kam am Abend erst spät von Senn Honeggers Wirtschaft zurück. Alles ging schnell vorbei, wie ein Bilderbuch, das man durchblättert.

Am dritten Tag traf ich Susi. Sie winkte mir und fragte: «Wie war's? Gut, dass du wieder da bist.»

Sie war auch gewachsen, ihre Brüste waren voller geworden, und ich verglich sie mit Fräulein Wagner.

Susi starrte mich an und sagte: «Weisst du noch?»

«Ja», sagte ich. «Das hat mir drei Monate eingetragen.»

Am Abend traf ich Susi bei der Sennhütte. Es schneite. Der Föhn war zusammengebrochen, eine scharfe Bise wehte. Ich zog sie hinter die Sennhütte. Ich kannte da einen Winkel vom Versteckspiel her. Ich küsste sie, öffnete ihren Mantel aus schwerem Tuch und strich ihr über die Brust.

«Du bist immer noch der gleiche», sagte sie.

Ich sah ihre weissen Zähne und küsste sie wieder.

«Nein», sagte ich dann plötzlich. «Ich will nicht mehr in ein Heim, verstehst du? Wenn deine Mutter das wieder vernimmt, dann macht sie wieder Geschrei. Ich will nicht mehr, ich will nie mehr in ein Heim.»

Ich trat einen Schritt zurück.

«Verstehst du mich?», fragte ich.

«Nein», sagte sie. «Aber es ist auch gleich, die Hauptsache ist, dass du wieder da bist. Ich weiss, ich hätte es Mutter nicht sagen sollen. Sie hat mich deswegen geschlagen.»

Wir holten die Milch. Senn Honegger sah mich an und sagte: «So, auch wieder im Land.» Er schenkte die Milch aus und notierte es im Büchlein. Ich ging. Susi rief mir nach. Ich gab keine Antwort und rannte nach Hause. Alle sassen um den Tisch: Hilda über eine Aufgabe des Kaufmännischen Vereins gebeugt, Mutter strickte Socken, und Vater las Zeitung. Die Brille sass ihm weit vorn auf der Nase. Manchmal schnaufte er, las eine Todesanzeige oder den Tod eines Autofahrers vor. Den Hemdkragen hatte er geöffnet. Einer der Hosenträger hing herunter. Ich holte ein Buch aus dem Büchergestell und setzte mich Vater gegenüber.

Das Klopfen an der Haustür erschreckte mich nicht. Mutter stand auf und ging hinaus. Sie rief: «Wer ist da?» «Ich!» Das war die Stimme meines Vormunds. Ich legte das Buch auf den Tisch und hatte plötzlich Angst. Ich hörte, wie er sich draussen den Schnee von den Schuhen klopfte, seinen Mantel ausschüttelte, in den kleinen Korridor trat und zu Mutter sagte: «Guten Abend, das schneit wieder recht.»

Mutter führte ihn in die Stube. Ich stand, ohne es zu merken, auf. Er grüsste alle. Mir gab er weder die Hand noch grüsste er mich.

Er fragte nicht einmal, wie es im Heim gewesen sei. Er sagte nur: «Schickt ihn ins Bett.»

«Hast du gehört, du sollst ins Bett», sagte Mutter und schaute mich durch ihre dicken Brillengläser an. Vater hatte die Zeitung zusammengefaltet und auf den Tisch gelegt. Er sah Zangger an und meinte: «Ein bisschen früh für ihn, schon ins Bett zu müssen.»

Mutter kümmerte sich nicht um das, was Vater gesagt hatte. Sie wiederholte: «Geh jetzt.» Ich sagte: «Gute Nacht.» Ich hatte Angst und stieg ins Schlafzimmer hinauf. Von oben hörte ich nicht, was sie besprachen. Ich hörte nur einmal meinen Vater fluchen.

«Geh zu Herrn Zangger», sagte Mutter am nächsten Tag nach dem Mittagessen. Der Bericht von der Burg musste gekommen sein.

Ich ging durchs Oberdorf und hörte plötzlich unseren Pfiff. Es war Ernst, der bei der «Felsenburg» stand. An einer Schnur zog er einen Schlitten hinter sich her.

«Komm», rief er, «die Bahn ist gut.»

«Ich muss zu Herrn Zangger.»

Er nickte und ging hinüber zur Schlittelbahn.

Auf der Veranda vor dem Haus meines Vormunds lag tiefer Schnee. Nur ein kleiner, schmaler Pfad war bis zur Tür ausgetreten. Ich zog am Messingdraht, hörte es läuten und wartete. Frau Zangger machte die Tür auf: «Komm herein, Herr Zangger wartet schon.»

Das sagte sie immer, wenn sie mir die Tür öffnete. Sie führte mich ins Arbeitszimmer. Herr Zangger sass hemdsärmlig, mit einer Weste bekleidet, die er aufgeknöpft hatte, am Schreibtisch. «Nimm Platz», sagte er. Ich setzte mich auf den Stuhl mit der geflochtenen Strohlehne. Ich wagte kaum zu atmen. Er nahm ein grosses, gelbes Kuvert aus der Schreibtischschublade, zog einige Blätter heraus und hielt sie ganz nahe an die Augen. Dann legte er sie weg, sah auf und sagte: «Am 5. Januar wirst du ins Fellenbergheim nach Oetwil gebracht.»

Mir wurde heiss, ich sah weisse Punkte vor meinen Augen. Ich zitterte, meine Knie wurden weich, und ich spürte, dass ich fast in die Hose machte. Ich starrte meinen Vormund an, der mit einem Zündholz in seinem Mund stocherte. Fellenbergheim!

«Beherrsch dich», sagte er.

Er nahm wieder eines der Blätter nahe an sein Gesicht und fuhr fort: «Du verfügst über eine überdurchschnittliche Intelligenz, du hast die Prüfungen und Tests gut bestanden. Aber du hast eine schwarze Seele, einen frühreifen Trieb. Du hast dich unsittlich aufgeführt. Die Geschichte mit Susi hat nicht gereicht. Du musstest dich noch an eine Angestellte heranmachen. Du kannst dich nicht beherrschen. Wie viele Male habe ich dich gewarnt!»

Er schob die Blätter in das Kuvert zurück. «Ich bin zu diesem Entschluss gekommen, weil ich dich als hoffnungslosen Fall betrachte. In Oetwil wird man dir beibringen, wie sich ein normaler Mensch aufführt. Das Heim ist streng geführt, es wird hart gearbeitet und ... nun, du wirst es schon sehen. Ein Vergnügen ist es nicht. Aber ich musste es tun; deine Mutter war eine Hure und dein Vater im Zuchthaus.»

Er schwieg.

«Was willst du noch hier?», sagte er plötzlich. «Mach, dass du nach Hause kommst.»

Ich drückte die Klinke, öffnete die Tür und fiel kopfüber in den Schnee. Ich lag da, weinte und schlug mit den Fäusten in den weichen Schnee.

Ernst pfiff mir. Ich hörte nicht hin, rannte nach Hause, ging in die Küche, zog die Schuhe aus, schleuderte sie unter das Schuhgestell, zog mich aus und kroch ins Bett. Ich zog das Barchentleintuch über den Kopf und drückte mein Gesicht in die Kissen.

Nur Vater schaute später einmal kurz herein.

Er sagte nichts und schloss die Tür. Ich hörte, wie er die Treppe hinunterging. Eine Weile später hörte ich ihn aus dem Haus gehen. Er schlug die Türe heftig zu.

Das Heim

Der alte Segeltuchkoffer stand wieder gepackt neben dem Ofen. Er war schwerer als das erste Mal. Mutter hatte alles eingepackt, alle Hemden, alle Pullover, die Sportschuhe von der Hotzschen Stiftung, dazu einige Bücher und Zeichenhefte, das Zeugnis der Sekundarschule und ein Neues Testament. Das Markenalbum, an dem ich viele Stunden gesessen hatte, war nicht dabei.

«Du musst nur Nützliches mitnehmen», sagte sie.

«Herr Zangger hat gesagt, es könne Monate dauern, bis du einmal nach Hause kommst.»

«Darf ich euch nicht mehr besuchen?»

«Von uns aus schon, aber im Heim gibt's nur Ausgang für gute Zöglinge.»

Vater stand still daneben. Er war bleich, und seine Lippen, zwischen denen eine Toscanelli steckte, zitterten. Er rauchte, paffte ein paarmal heftig und sagte plötzlich: «Er wird wieder nach Hause kommen, und wenn ich ihn selbst zurückholen muss.»

«Fang nicht wieder damit an, wir haben genug darüber geredet. Herr Zangger will es so, nicht wir.» Sie hob den Koffer vom Bett: «Ist der schwer! Kannst du ihn auch tragen?» Ich sagte nichts.

«Du hast es auch gewollt», fuhr Vater die Mutter an. «Du hast immer gesagt: ‹Wenn er nur nicht mehr nach Hause kommt. Man könnte ihn besser in ein Heim geben.› Das hast du gesagt, auch zu Zangger. Mit dem Buben hat man nicht einmal gesprochen. Dabei hätte er es verdient. Er hat gute Noten aus der Stadt gebracht. Er hat sich Mühe gegeben. Der Bericht ist gut, aber ihr habt ihn nicht mehr gewollt, so ist es!»

«Hör endlich damit auf! Es ist nicht mehr zu ändern. Sterben wird er nicht daran.»

«Aber vielleicht zugrunde gehen», sagte Vater heftig. «An Leib und Seele, wie du das immer so schön sagst in deinen Gebeten bei diesen Pfaffen. Wenn er wirklich zugrunde geht, dann bist du schuld daran und der Zangger auch.» Er ging mit polternden Schritten die Treppe hinunter, ich mit dem schweren Koffer hinterher.

Ich stellte den Koffer wie das erste Mal neben den warmen Ofen. Ich dachte: Wenn der Koffer wieder da steht, bin ich sicher in drei Monaten wieder zu Hause.

Am Abend kam Besuch. Ich hörte vor der Haustür eine tiefe Stimme, die ich kannte. Ein grosser, schwerer Mann mit einem feuerroten Bart kam herein, küsste Mutter auf die Wange und sagte: «Guten Abend miteinander.» Hinter ihm tauchte Mutters Schwester, Tante Amali, auf. Sie lächelte ein bisschen und sagte: «Guten Abend! Jacques und ich haben uns auf diesen Abend gefreut.»

Mutter begrüsste sie kühl. Mutter hasste ihre Schwester, seit sie diesen Mann geheiratet hatte. Tante Amali hatte fast vierzig Jahre in der Weberei gearbeitet, hatte fleissig gespart und sich ein kleines Vermögen zurückgelegt. Als sie über sechzig war, entschloss sie sich, den «roten Huber», so nannte man Onkel Jacques wegen seines roten Bartes und seiner Zugehörigkeit zu den Sozialdemokraten, zu heiraten.

«Dieser Kerl ist ein Heuchler», sagte Mutter böse. «Er kann nicht einmal die Augen schliessen beim Gebet. Und übrigens: Ein Sozi kann kein guter Christ sein, die wollen einem alles wegnehmen, diese Kommunisten!»

«Margrit», sagte der rote Huber freundlich zu Mutter, «der Herr hat es gut gemeint mit uns, dass wir dich und Jakob wieder einmal besuchen dürfen.» Dann sah er mich, musterte mich lange und setzte hinzu: «Du bist also der Bub, der ins Heim muss.» Er lächelte freundlich und meinte:

«Warum musst du denn hier weg? Du hast es doch gut hier!»

«Das geht dich nichts an», sagte Mutter, «darüber wollen wir nicht reden. Du bringst ihn morgen ins Heim und damit basta.»

Der rote Huber zuckte die Achseln: «Nun, ich mische mich da nicht ein.»

«Ist auch besser so. Nimm jetzt Platz, ich bringe Kaffee.»

Der rote Huber musste mich also in das Heim bringen. Warum kam Herr Zangger nicht selbst mit? Vater sagte: «Wenn du Lust hast, gehen wir noch schnell zum Krauer auf ein Bier. Es hat dort immer Leute von uns, man spricht vom Krieg.»

«Ja», sagte der rote Huber, trank rasch seinen Kaffee aus, küsste Amali auf die Stirn und ging mit Vater hinaus. Tante Amali schaute mich an.

«Du musst also in ein Heim, hast du keine Angst?»

«Eigentlich schon!»

«Weisst du», sagte sie weiter, «der Heiland wird bei dir sein, er ist dein Begleiter. Er wird dir helfen.»

Ich wusste darauf keine Antwort. Sie glaubte daran, es war bei ihr keine Heuchelei.

«Eigentlich», begann sie wieder, «hätte ich schon gern gewusst, warum der Bub in ein Heim muss.»

«Ich werde es dir erklären, wenn er im Bett ist», gab Mutter unwirsch zurück und liess eine Nadel fallen. Ich stand auf, hob die Nadel auf. Sie schickte mich ins Bett: «Damit du ausgeruht bist für die Reise morgen und für all das Neue», sagte sie. Ich sagte «Gute Nacht» und stieg zum letzten Mal in meine Kammer.

Am nächsten Morgen stand ich auf, als ich Vater am Ofen rumoren hörte. Ich ging hinunter, wusch mich am Schüttstein und ging in die Stube. Da stand der Segeltuchkoffer.

«Guten Morgen, Papa.»

«Du bist schon auf?»

Papa legte Späne auf das Papier im Ofen. Dann zündete er ein Streichholz an und hielt es an das Papier. Eine Flamme schoss auf. Er schloss das Türchen und richtete sich auf. Er schaute auf den Segeltuchkoffer und drehte sich rasch um. Wortlos verliess er die Stube, um Briketts im Schuppen zu holen. Ich sah ihn, wie er gebeugt durch den Garten ging, barhäuptig und leicht frierend.

Mutter war auch aufgestanden, ich hörte, wie sie in der Küche mit dem Geschirr hantierte, den Gasbrenner anzündete und eine Pfanne mit Wasser aufsetzte.

Ich ging in die Küche. Sie blies auf der Milch den Rahmpelz zurück, leerte die Milch in eine Pfanne, zündete die zweite Gasflamme an und setzte die Pfanne auf. Dann lehnte sie sich an die Treppe und sagte: «Wasch dich, dann gibt's Morgenessen.»

«Ich habe mich schon gewaschen», sagte ich und setzte mich hinter den Tisch an meinen Platz.

Der rote Huber kam die Treppe herunter, es quietschte und knarrte, und er rief:

«Einen gesegneten Tag allerseits!», ging zum Schüttstein, wusch sich Gesicht und Hände, krempelte die Ärmel auf und setzte sich an den Tisch.

Als alle versammelt waren, sprach er das Morgengebet. Dann langte er tüchtig zu. Mutter schaute entsetzt zu, wie er auf eine dicke Scheibe Brot Butter und Konfitüre strich.

Nach dem Frühstück ging ich auf die Strasse hinüber und pfiff. Ernst kam aus der Scheune gerannt.

«Was ist los?» fragte er.

«Ich muss wieder fort», sagte ich.

«Warum? Wohin? Du bist doch gerade erst nach Hause gekommen.»

«Ich weiss nicht warum. Onkel Jacques ist gestern abend gekommen, der mit dem roten Bart, um mich abzuholen. Er bringt mich ins Fellenbergheim nach Oetwil.»

«Oetwil, wo ist das?»

«Ich weiss es nicht genau, in der Nähe von Zürich, haben sie gesagt.»

«Was willst du dort? Bleib doch gescheiter hier.»

«Herr Zangger hat es so befohlen.»

«Der Stumpen Gottes?»

Wir nannten meinen Vormund, wie die Erwachsenen, den «Stumpen Gottes», weil er so klein, dick und Mitglied der Kirchenpflege war.

«Der macht mit mir, was er will.»

«Aber in ein Heim!»

Ich wusste keine Antwort. «Ich muss gehen», sagte ich.

«Wann kommst du wieder?»

«Ich weiss nicht. Zangger hat gesagt, es sei für immer.»

«Du spinnst», sagte Ernst und hatte Tränen in den Augen.

«Das kann er mit dir nicht machen.»

Ernst gab mir die Hand. Dann rannte er zur Scheune hinüber, riss die Stalltür auf und verschwand.

Wir gingen unter einer Unterführung durch. Ein enges, kleines Tal tat sich auf. Oben auf dem Hügel standen die Gebäude des Fellenbergheims.

Rechts von dem schmalen Weg die grosse Scheune, mit dem Giebel zum Tal, gegenüber das langgezogene Gebäude mit dem Speisesaal, darunter die grosse Küche. Daran angebaut das alte, zweistöckige Haus, in dem der Schuhraum, das Flickzimmer und darüber die grosse Wohnung des Hausvaters waren. Im zweiten Stock lagen die Zimmer der Gehilfinnen und des Hausmädchens.

Im Täli fuhren Kinder Schlitten und Ski. Sie hatten die Skis selbst gemacht: aus Fassdauben, die gekocht und gebogen wurden. Wir standen still und schauten hinüber. Die Kinder waren fröhlich. Junge Frauen standen in Skihosen, die ihnen zu weit waren, am Hügel und stiessen die Kleinen auf ihren Schlitten ab.

Der rote Huber zog mich fort. «Komm, wir wollen

schauen, wer dich in Empfang nimmt.» Bei der grossen Scheune, vor der ein kleiner Entenweiher lag, blieben wir stehen. Erst jetzt sah ich das Schulhaus, den grossen, dreistöckigen Bau. Auf der Vorderseite standen unter einer Arkade kleine, grün gestrichene Bänke. Neben der Haustür hing eine kleine Kuhglocke. Der rote Huber zog die Glocke. Oben ging ein Fenster auf. Ein Schädel, der fast kahl war, erschien.

«Wer ist da? Was wollen Sie?»

«Ich bringe den neuen Zögling», rief der rote Huber hinauf.

«Ich komme», sagte der Mann. Das Fenster ging zu. Ein massiger Mann erschien unter der Tür. Der rote Huber gab ihm die Hand:

«Ich bringe Ihnen im Auftrag der Behörden diesen Buben. Ich nehme an, Sie sind informiert.»

«Ja, ich weiss Bescheid», sagte der Hausvater und setzte hinzu: «Mein Name ist Fritschi.»

«Ich heisse Huber.»

Hinter dem Hausvater erschien eine blasse Frau. Sie hatte die Haare in schweren Zöpfen um den Kopf gelegt.

«Das ist meine Frau, die Hausmutter», sagte Fritschi. Die Frau hatte Sommersprossen im Gesicht und lächelte. «Willkommen», sagte sie zu mir. «Ich zeige dir, wo du deinen Kasten hast, du kannst gleich deine Kleider versorgen.» Der rote Huber ging mit Fritschi in den dunklen Korridor.

Die Hausmutter ging voran zum Schulhaus. Sie stieg die steinerne Treppe hinauf, dann die Holztreppe einen Stock höher und blieb vor einer Reihe von Blechkästen stehen.

«Du hast die Nummer 13, hoffentlich bist du nicht abergläubisch.»

«Nein», sagte ich. «Das ist mir gleich.»

Ich packte den Segeltuchkoffer aus und legte die Wäsche in den Kasten. Die Schuhe stellte ich unten in den Kastenfuss und schloss ab.

«Den Schlüssel kannst du stecken lassen. Es nimmt bei uns niemand etwas.»

Wir gingen wieder hinunter. Drüben trat der rote Huber aus dem alten Haus, neben ihm Hausvater Fritschi.

«Wir werden uns Mühe geben mit dem Buben, aber viel Hoffnung habe ich nicht nach dem Bericht seines Vormunds», sagte Fritschi.

«Nehmen Sie ihn, wie er ist, Vormünder haben nicht immer Recht.»

Der rote Huber lächelte, als er mich kommen sah.

«Ich muss gehen», sagte er, «komm uns bald besuchen.»

Er gab mir einen Zettel. «Ich habe alles aufgeschrieben.»

Ich steckte den Zettel in die Hosentasche und verabschiedete mich.

«Komm ins Haus», sagte dann Fritschi. «Hast du Geld bei dir?» «Ja, fünf Franken.»

«Gib sie mir, ich bewahre sie für dich auf.»

Ich gab ihm den Fünfliber. Er steckte ihn ein, während wir in sein kleines Büro gingen.

Der Schreibtisch war mit Papieren überladen. Es herrschte eine unglaubliche Unordnung.

Fritschi schien das gewohnt zu sein. Er setzte sich auf seinen hölzernen Drehstuhl und sagte:

«Setz dich.»

Ich nahm auf der andern Seite den kleinen Stuhl und setzte mich.

«Also, du bist jetzt Mitglied unserer grossen Stiftlerfamilie. Stiftler nennen wir uns, weil dieses Heim eine Stiftung guter Menschen ist. Sie wurde gegründet, um gefallenen Kindern wieder auf die Beine zu helfen. Wir haben hier viele arme Kinder aus der Stadt; wir haben auch Schwererziehbare hier, aber das wirst du dann schon merken.» Er zog ein Blatt aus einem Papierhaufen und fuhr fort: «Dein Vormund hält nicht viel von dir. Wenn ich das so lese, dann frage ich mich, ob ich es überhaupt verantworten kann, dass du nach Oetwil in die Sekundarschule gehst. Es ist nicht leicht, das zu entscheiden. Schliesslich hast du Mädchen nachgestellt; aber ich will es trotzdem versuchen. Du gehst also mit Emil und Hermann zur Schule. Wenn das Geringste passiert, dann wirst du etwas erleben!»

Ich nickte.

«Gut. Die Hausordnung wirst du kennenlernen. Für Strafen haben wir ein Strichsystem. Je nachdem, was einer anstellt, erhält er einen bis zwanzig Striche, die er in Freizeitarbeit abverdienen muss. Es gibt hin und wieder einen, der ein ganzes Jahr ohne Striche bleibt. So, das wär's für den Anfang. Den Kleiderkasten hast du schon. Du kannst jetzt zu den andern gehen, sie schlitteln unten im Täli.» Ich stand auf und fragte: «Wie lange muss ich hier bleiben?»

Er sah mich erstaunt an. Dann sagte er: «Sicher so lange bis du konfirmiert bist. Dein Vormund schreibt, dass du so lange als möglich hier bleiben sollst.»

Wir setzten uns an die langen Tische im Speisesaal. Ich sass zwischen den Brüdern Fuhrer. Sie schwatzten, lachten, bis Fritschi in den Saal kam. Er schaute in die Runde, brüllte «Ruhe» und ging durch die beiden Tischreihen zu dem Tisch an der Frontseite. Er setzte sich und rief: «Wir wollen beten. – Komm Herr Jesus, sei unser Gast und segne uns, und was du uns bescheret hast. Amen.»

Oben an den Tischen sassen die Gehilfinnen, die für Ordnung zu sorgen hatten. Es waren junge Mädchen, die ein Praktikum im Heim absolvierten. Ein struppiger Zögling kam langsam und fast unbemerkt in den Speisesaal geschlichen, drückte sich durch die halboffene Türe und ging gebückt zu einem Platz am ersten Tisch. Er schöpfte sich rasch vom grauen Griessbrei und ass hastig.

«Ludi!» rief der Hausvater. «Wer hat dir erlaubt, mit uns zu essen?» Ludi hielt den gefüllten Löffel vor das Gesicht und starrte zum Hausvater.

«Wer? Ich?» sagte er mit erstauntem Gesicht.

«Du weisst genau, dass ich dir verboten habe, in den Speisesaal zu kommen. Also?»

«Ich habe Hunger», sagte Ludi.

Der Hausvater stand auf und ging durch den Gang. Alle hatten aufgehört zu essen und schauten gespannt zu Ludi. Einer der Brüder Fuhrer flüsterte mir zu: «Jetzt bekommt er wieder den Arsch voll.»

Fritschi blieb vor Ludi stehen und sagte mit zusammengekniffenen Augen: «Steh auf, wenn ich mit dir rede.»

Ludi stand langsam auf und legte den Löffel auf den Tisch. Er stand da, vorgebeugt, mit gesenktem Kopf.

«Du ungewaschener Kerl», sagte Fritschi. «Du weisst genau, dass ich keinen Schweinehirten im Speisesaal will. Damit alle wissen, warum ich dich nicht im Speisesaal will, wirst du jetzt genau erzählen, was du angestellt hast.»

Ludi stand stumm und starrte auf den Tisch.

«Wird's bald?» Ludi hob das Gesicht und murmelte:

«Ich habe mich selbst befriedigt. Das ist eine Schweinerei. Darum.»

«Eben», sagte Fritschi, «nur Schweine treiben solche Dinge. Bevor du jetzt hinausgehst, sollst du wissen, wie ich dich bestrafe: Du erhältst zwanzig Striche, und die nächste Nacht schläfst du im Blauen Zimmer.»

Ludi stieg über die Bank und ging langsam zur Tür. Er war barfuss. Seine Füsse waren schwarz vor Schmutz.

«Wo hast du deine Schuhe?» fragte Fritschi.

«Ich habe sie ausgezogen. Sie stehen vor dem Speisesaal.»

«Bist du verrückt geworden? Mitten im Winter ohne Schuhe herumzulaufen?»

«Ich wollte nicht mit den dreckigen Holzschuhen in den Speisesaal kommen.»

«Das gibt noch zwanzig Striche.»

Ludi stand mit hochrotem Kopf bei der Tür, dann schrie er plötzlich: «Immer diese verdammten Striche, immer nur ich, jeden Tag hacken Sie auf mir herum. Einmal zwanzig Striche, dann wieder Blaues Zimmer, immer nur ich!»

Fritschi schlug ihn ins Gesicht. Ludi heulte auf. «Und nichts zu fressen», schrie er, «alle haben zu essen, nur ich nicht.»

«Schweig, du Saukerl», sagte Fritschi und wies mit der Hand zur Tür. Fritschi kehrte auf seinen Platz zurück. «Wir wollen danken, steht auf.»

Alle standen und hatten die Hände gefaltet. Nur seine Frau und seine Kinder waren sitzen geblieben; sie senkten die Köpfe.

Fritschi rief in den Saal:» Herr, wir danken DIR, denn DU bist freundlich, und DEINE Güte währet ewiglich. Amen. Setzen.»

Wir setzten uns wieder.

Es war so still in dem langgezogenen Saal, dass das Atmen der Buben zu hören war.

Dann sagte Fritschi: «Ihr könnt gehen. Moor, Zürcher und Hofer räumen die Tische ab. Egli und Fuhrer Miggel gehen in die Küche.»

Die Bänke wurden zurückgeschoben, Lärm schwoll an, die Gehilfinnen zogen sich mit den Kleinen ins Nähzimmer zurück. Wir Grösseren gingen hinüber ins Spielzimmer im Schulhaus. Lehrer Lüthi rannte mit grossen Sätzen voran. Er drehte überall das Licht an. Dann stellte er sich vors Spielzimmer. In seinem schrägen Mund stand ein Lächeln. Es war weder fröhlich noch freundlich. Als ich an ihm vorbei wollte, hielt er mich am Ärmel fest und sagte: «Du bist der Neue, nicht war?»

«Ja, Herr Lüthi», sagte ich.

«Halt dich an die Ordnung im Spielzimmer. Wenn du ein Spiel herausnimmst, bist du verpflichtet, es wieder so zu versorgen, dass der Nächste sich wieder daran freuen kann. Mach keinen unnötigen Lärm, das mag ich nicht, verstanden?»

«Ja», sagte ich und ging ins Zimmer. Es war mit rotbraunem Tannenholz getäfelt, die Balken und die Stühle waren mit Schnitzereien verziert. Die linke Wand bestand aus eingebauten Schränken. Den andern drei Wänden entlang zog sich eine Bank. Das einzige Fenster ging zur Strasse und zum Vorplatz der Scheune hin. Ich spielte mit den beiden Fuhrerbrüdern Eile mit Weile. In der Ecke sass ein magerer Zögling und schnitt aus Zeitungen und Zeitschriften Porträts von Schweizer Armeeführern aus, die er in ein Heft klebte. Ich schielte zu ihm hinüber. Plötzlich sagte er heftig: «Was schaust du mir zu? Geht dich das etwas an? Unsere hohen Offiziere sind wichtig; man sagt, dass es bald Krieg gibt, dann muss jeder sie kennen.»

Er hielt die Schere wie ein Schwert in der Hand und zeigte mit der Spitze auf Lüthi.

«Hör auf, Emil», rief Lüthi, «lass ihn in Ruhe, er ist erst heute gekommen. Für ihn ist alles neu.»

«Er soll mir nicht zuschauen. Ich hab das nicht gern, wenn ich von einem angestarrt werde, der keine Ahnung hat von unserem Militär.»

«Hör auf», sagte Lüthi, und sein Gesicht wurde weiss.

»Komm raus hier», flüsterte Fuhrer mir zu. «Komm rasch raus, es kracht gleich.»

Ich stand schnell auf und ging neben Fuhrer zur Türe. Lüthi ging langsam zu Emil: «Du hast wohl wieder den Rappel, du Spinner!»

Emil hob die Arme, in der einen Hand blitzte immer noch die Schere.

«Leg die Schere weg», brüllte Lüthi.

Emil liess die Schere fallen.

Lüthi fiel wortlos über ihn her. Er schlug ihm mit der Hand ins Gesicht, ohrfeigte ihn, bis Emil von der Bank fiel.

Er schrie und wimmerte und versuchte, sich unter der Bank zu verkriechen. Aber Lüthi riss den Tisch weg und zerrte ihn hervor. Er trat ihn, schlug auf ihn ein und liess schliesslich von ihm ab.

«Du Lümmel, du weisst genau, dass ich es nicht mag, wenn du mit deinem Blödsinn andere belästigst. Du mit deinem idiotischen Tick!»

Emil sass in der Ecke neben dem Spielkasten und wischte sich das Blut aus dem Gesicht.

Wir standen frierend im Gang draussen, und Fuhrer flüsterte: «Jetzt gibt er mindestens zwei Wochen Ruhe. Ein Wunder, dass er nicht schon gestern eine Tracht Prügel bekommen hat.»

«Schlägt der Lüthi immer?»

«Der macht einen innert Minuten fertig, auch wenn er kurz vorher noch ganz normal gesprochen hat. Das geht so schnell, dass man kaum begreift, warum er dreinschlägt. Du wirst es auch erleben.»

«Ich, wieso ich?»

«Es gibt keinen einzigen, den er nicht schon mindestens einmal verprügelt hat. Nachher hat man seine Ruhe.» Er grinste. «Bis zum nächsten Mal.»

Lüthi kam aus dem Spielzimmer.

«Los, macht, dass ihr ins Bett kommt. Der Neue schläft in der Mansarde.»

Wir rannten nach oben. Plötzlich hörte ich eine Glocke läuten.

«Was ist das?» fragte ich.

«Das ist das Zeichen, dass wir ins Bett müssen. Sie läutet auch am Morgen um sechs Uhr. Das heisst dann: nichts wie los, Hosen anziehen und mit nacktem Oberkörper in den Waschraum. Die Hausmutter erwartet uns dort mit der Zahnpasta.»

Ich kroch in mein Bett. Der Mansardenschlafsaal war abgeschrägt, die Fenster glichen Gucklöchern, und es waren mindestens dreissig Betten darin. Eine trübe Birne, die an der elektrischen Leitung in den Saal herunterhing, warf ein spärliches Licht.

Wir sassen in unseren Betten. Einige warfen einander Kissen an den Kopf, als die grosse Gehilfin mit den hellblonden Haaren hereinkam und rief: «Kinder! Kinder! Jetzt aber Schluss. Wer betet heute abend?»

Einige riefen: «Ich, ich, ich.»

«Moor wird heute abend beten», bestimmte sie. Er hatte nicht «Ich» gerufen. Moor hatte ein mürrisches Gesicht. Er sagte gelangweilt: «Einen Scheissdreck werde ich beten.»

«Was sagst du da? Ich werde es dem Hausvater melden.»

«Ist mir scheissegal.»

Ich sass in meinem Bett und hatte Angst vor etwas, das ich nicht kannte. Das war also ein Heim.

Ich erwachte in der ersten Nacht viele Male. Trappeln nackter Füsse weckte mich, das Rauschen der Wasserspülung, Gestalten, die durch die Mansarde hüpften, Licht im Korridor anzündeten, sich flüsternd unterhielten, bis Lüthi plötzlich ins Zimmer kam, das Licht andrehte und sagte: «Gibt's endlich Ruhe, oder wie ist das? Noch einer zum Abort?»

Stille, nur leises Schnarchen. Kaum war er draussen, begann das Wispern in den Betten wieder.

Die grosse Glocke läutete. Ich glaubte erst eingeschlafen zu sein. Ich stieg rasch aus dem Bett und dachte an zu Hause. Kälte drang durch die geöffneten Fenster in den Schlafsaal. Der Alltag in dem Heim begann. Als ich nach dem Waschen mein Bett machte, gab mir eine Gehilfin einen Besen und sagte: «Wisch den Schlafsaal.»

Das Heim war Wirklichkeit, es gab keine Hoffnung, keinen Ausweg mehr. Es gab nur eine einzige Möglichkeit: sich anpassen.

Bachtann war für immer verloren, das wusste ich an diesem kalten Januartag, an meinem ersten Tag im Heim. Ich stand auf dem grossen Platz vor der Scheuneneinfahrt und schälte Stangen. Junge Tannen legte ich auf zwei Blöcke, schlug Eisenhaken ein, damit sie nicht wegrollten, und schälte die Rinde ab.

Ich fror, obwohl die Wintersonne schien. Ich spürte kaum meine Hände, aber ich schälte weiter.

Hausvater Fritschi ging einmal an mir vorbei und schaute mir zu.

«Du musst viel lernen», sagte er, «wenn du ein guter Bauer werden willst.»

Wer hatte denn gesagt, dass ich Bauer werden wollte?

Landi

«Wir müssen in der Musterschule der Landesausstellung einige Schulstunden abhalten: Geschichte, Geografie und Deutsch», kündigte uns Sekundarlehrer Sollberger an. «Das wird herrlich sein. Nach der Stunde werden wir die Ausstellung besuchen. Die technischen Ausstellungen sind in der Enge, die volkstümlichen Veranstaltungen, die landwirtschaftlichen Geräte und Maschinen auf der Seefeldseite, im Landidörfli. Für jeden Tag, an dem wir Unterricht haben, erhalten wir gratis Essen und Trinken. Zudem Billette für den Schifflibach – ich weiss noch nicht, was das ist, aber es soll lustig sein, und ausserdem können wir gratis mit der Gondelbahn von einem zum andern Ufer fahren.» Wir klatschten in die Hände und freuten uns.

Ich sass neben dem «Kohlen-Huber», einem kleinen, beweglichen Burschen. Sein Vater handelte mit Holz, Kohlen und Mineralwasser. Auf der andern Seite, gleich über den Gang, sass Elsbeth Lehni, ein grosses Mädchen mit roten Haaren. Sie war die Beste, spielte sich aber gar nicht auf.

Sie sah zu mir herüber; wenn ich etwas nicht wusste, dann versuchte sie, es mir zuzuflüstern. Sie glich ein wenig Fräulein Wagner in der Burg, nur war sie viel kindlicher und trug keine weisse Berufsschürze.

In der Pause unterhielten wir uns über die Landi und schmiedeten Pläne.

Zwei Wochen später war unsere erste Landi-Schulstunde. Wir hatten die Sonntagskleider angezogen – ich hatte erst kurz vorher von meiner Heimatgemeinde ein Paar neue Sommerhosen erhalten.

Vor dem Haupteingang der Landesausstellung nahm uns Sollberger zusammen. «Bitte, seid einigermassen anständig», sagte er. «Ihr könnt fragen, was ihr wollt, aber diszipliniert.» Dann führte uns ein Securitas-Mann zum Modell-Schulhaus. Das Schulzimmer war hell, hatte riesige Fenster, und die Schulbänke waren so bequem, dass wir uns fast nicht trauten, auf ihnen zu sitzen.

«Nehmt Platz», sagte Sollberger freundlich. «Wir haben heute eine Stunde Geschichte. Es hören viele Leute zu; gebt kurze Antworten, wenn ihr gefragt werdet.»

Wir hörten ihm aufmerksam zu, und die Zuschauer draussen folgten ihm am Lautsprecher. Er erklärte die napoleonischen Kriege und kam auf die aktuelle Situation in Europa zu sprechen. «Damals, als die Völker Europas fast verbluteten, waren die Menschen noch nicht so weit, dass sie die imperialistischen Pläne des Franzosen-Herrschers durchschauen konnten. Sie hielten Napoleon für einen grossartigen Feldherrn, einen Beschützer der Europäer. Aber Elend und grosse Not waren die Folge jener schrecklichen Feldzüge. Heute, da wir die politischen Zusammenhänge besser kennen, da wir besser informiert sind über die Vorgänge in der Welt, heute muss ein Krieg als Wahnsinn erkannt werden. Wir leben wieder in einer Zeit, da unser Schicksal auf Messers Schneide steht. Die Welt treibt einem Krieg entgegen.» Er sah auf, er wandte sich plötzlich nicht mehr an uns, sondern an die vielen Zuhörer auf der Rampe hinter dem riesigen Fenster. Sie starrten den Lehrer an und bewegten sich kaum; Neuherzutretende wurden missmutig herangelassen.

«Wir haben darum die Pflicht, wachsam zu sein, unser Bemühen kann nicht nur dahin gehen, den Frieden zu erhalten, unsere ganze Anstrengung muss darauf gerichtet sein, eine starke Armee aufzubauen, damit wir jedem Angreifer die Stirn bieten können. Wir wollen in Europa nicht noch einmal einen grössenwahnsinnigen Feldherrn, wie einst Napoleon, der die Länder heimsuchte und viele hunderttausende von Toten zurückliess. Wir wollen in einem Land leben, das seine Grenzen verteidigen kann und will.»

Die Stunde war im Nu vorbei. Die Leute vor dem Zuschauerfenster klatschten, und als wir aus dem Schulzimmer drängten, begrüssten sie uns mit Beifall, besonders unsern Lehrer, auf den wir sehr stolz waren.

Soldaten schüttelten unserem Lehrer die Hand und sagten: «Das haben Sie gut gemacht. Solche Lehrer sollten wir haben.»

Sollberger hörte kaum hin, er hatte sich mit einigen Kollegen verabredet, wünschte uns viel Vergnügen an der Landi und sagte mahnend: «Punkt sechs Uhr fährt unser Zug. Um Viertel vor treffen wir uns im Hauptbahnhof am Perron.»

Er verteilte die Bons für Essen und Trinken, die Billette für die Bahnen und ging mit seinen Kollegen zu den grossen Werkhallen, in denen die neuesten Maschinen von Sulzer, Brown-Boveri und Bührle ausgestellt waren. Gleich dahinter war die Waffenschau, die viele Menschen anzog.

Plötzlich stand ich allein im Korridor, der zur Treppe ins Freie führte. Meine Kameraden waren verschwunden. Auch Güttinger, der andere Stiftler, war nicht mehr da. Ich ging zur Treppe.

Da entdeckte ich Elsbeth. Sie winkte mir unten an der Treppe. «Ich habe alle verloren», sagte ich, «wo sind sie denn hin?» «Ich weiss nicht», sagte sie. «Macht's dir etwas aus, mit mir zu gehen? Mein Vater sagte, ich müsste den Höhenweg anschauen.»

Wir suchten «Höhenweg» auf einer Hinweistafel, stiegen die breite Treppe hinauf und traten in einen fast düsteren Vorraum. Durch einen Lautsprecher tönte die Landeshymne, gesungen von einem Männerchor. Links stand ein riesiges Monument eines Eidgenossen, der zu den Waffen gerufen wurde. Zu seinen Füssen lag sein Helm, über seinen Oberkörper schwang er den Waffenrock.

Elsbeth zog mich weiter. Sie liess meine Hand nicht mehr los.

«Wenn es nur keinen Krieg gibt», sagte sie.

«Komm», sagte ich, «es wird keinen Krieg geben.»

Wir bestaunten alte Dokumente, den Bundesbrief aus der Zeit der Gründung der Eidgenossenschaft, klösterliche und königliche Erlasse, Rüstungen, Embleme, Beutestücke aus den Burgunderkriegen und alte Gerätschaften, die zur Arbeit, aber auch zur Verteidigung gedient hatten. Schliesslich standen wir unter einem bunten Fahnenhimmel, der sich im Wind bewegte. Es waren die Wappen aller Schweizer Gemeinden, die uns farbenprächtig entgegenleuchteten.

«Ist das nicht herrlich?» fragte ich begeistert.

«Ich weiss nicht», sagte Elsbeth, «vielleicht ist es so, wie mein Vater sagt: zu schön, um wahr zu sein. Sind wir wirklich ein so grossartiges Volk?»

Ich war neugierig geworden. Ich hatte Elsbeths Scharfsinn, ihre klugen Ansichten schon immer bewundert.

Wir gingen ziellos durch die Ausstellung, die Freude daran war mir nicht vergangen, aber ich hörte Elsbeth zu und hoffte, sie würde weitersprechen.

Doch sie schwieg. Ich hielt sie an der Hand und blieb stehen. «Dein Vater ist ein gescheiter Mann, nicht wahr?» sagte ich.

«Glaubst du?» lächelte sie stolz. «Er ist Vorarbeiter in der Waggon-Fabrik, und in seiner Freizeit liest er eine ganze Menge. In der Gewerkschaft ist er im Vorstand. Die Firma wollte ihn da herausholen. Wäre er aus der Gewerkschaft ausgetreten, hätten sie ihn vielleicht zum Chef über eine ganze Abteilung gemacht. Aber er wollte nicht. Er sagte: ‹Ich weiss, wo ich hingehöre.› Er liest auch Nazi-Zeitungen und -Hefte aus Deutschland. Darum weiss er auch Bescheid. Ich bin stolz auf meinen Vater. Jeder sollte einen Vater haben wie ich.» Sie schwieg und sagte: «Verzeih, ich wollte dich nicht kränken.»

«Wenn du meinst, ich hätte keinen Vater, dann täuscht du dich. Ich habe einen Vater.»

«Wo ist er?»

«In Bachtann, wo ich herkomme.»

Wir standen still. Sie schaute mich an: «Ist er dein eigener Vater?»

«Mein Pflegevater. Meinen eigenen Vater habe ich nie gekannt. Ich bin unehelich.»

«Warum hat er dann zugelassen, dass man dich in dieses Heim brachte?»

«Ich weiss nicht, was du damit meinst. Er konnte nichts machen, er hat sich dagegen gewehrt, aber mein Vormund hat es so gewollt – und Mutter.»

«Vormund? Warum hast du einen Vormund?»

«Ich hatte immer einen, von klein an, immer denselben, immer diesen Zangger. Nur weil ich keine Eltern hatte. Niemand hat sich um mich gekümmert. Als ich ganz klein war, kam ich aus dem Waisenhaus zu diesen Pflegeeltern und bekam einen Vormund. Ich werde immer einen Vormund haben.»

«Sag mir eins», begann sie eine Weile später, «du brauchst mir keine Antwort zu geben, wenn du nicht willst: Warum bist du eigentlich hier im Heim?»

Ich antwortete nicht sofort.

«Wenn es dir schwer fällt, dann lass es.»

Ich zögerte einen Augenblick. «Doch, ich kann's dir schon sagen. Ich möchte ja selbst dahinter kommen, warum sie mich hierher gebracht haben. Aber zuerst möchte ich dich etwas fragen: Warum willst du das wissen?»

«Weil es mich interessiert. Ich habe mich schon immer gefragt, warum es dieses Heim gibt und was das für Kinder sind, die dort drin sind. Vater sagt immer, das seien Opfer unserer Gesellschaft, Kinder aus Scheidungsehen, Kinder, deren Eltern nicht zurechtkämen. Ich habe ihn nicht ganz verstanden.»

Sie fuhr mit der Hand durch ihr rotes Haar.

Wir setzten uns auf eine Bank und sahen den Menschen zu, die an uns vorbeizogen. Vor uns lag der See. Segelschiffe trieben vorbei. Menschen winkten.

Drüben lag das Landidörfli mit den vielen Fahnen.

Ich begann stockend. Es war nicht einfach. Ich wollte niemanden beschuldigen. Weder meinen Vormund noch meine Pflegemutter. Sie hörte zu, ohne mich zu unterbrechen. Als ich ihr die Geschichte mit Susi erzählte, sah sie mich kurz an.

«Der rote Huber scheint noch der beste zu sein», sagte sie. «Besuchst du ihn manchmal?»

«Er ist tot. Er starb im März. Ich fuhr an einem Sonntag zum roten Huber. Tante Amali weinte, als ich in die Wohnung ging. Sie hielt zwei Finger vor den Mund und sagte: ‹Onkel Jacques ist krank, bitte leise.›»

Der rote Huber lag bewusstlos im Bett. Sein rechter Arm ragte gespenstisch senkrecht aus dem Bett, er schnarchte leise, und seine Augenlider flatterten. Ich betrachtete ihn lange. Dann ging ich wieder. Erst Wochen später hörte ich, er sei gestorben. Tante Amali hatte im Heim angerufen und mich zur Beerdigung eingeladen. Fritschi hat es mir nicht gesagt. Vermutlich wollte jemand verhindern, dass ich an diese Beerdigung ging.»

«Vermutlich deine Pflegemutter», sagte Elsbeth. «Sie wollte dich nicht dabei haben. Sie hat ein schlechtes Gewissen. Gefällt's dir im Heim?» fragte sie ohne Übergang.

«Nein», sagte ich. «Ich weiss nicht, warum man diese Anstalt ‹Heim› nennt. Ich meine, in einem Heim sollte man sich doch zu Hause fühlen. Ich habe dort nicht ein einziges Mal das Gefühl gehabt, zu Hause zu sein.»

«Erklär es, versuch es wenigstens», sagte sie.

«Ich weiss nicht, keiner ist im Heim wie mein Freund Ernst oder wie der Kohlen-Huber. Sie sind alle nervös, die ganze Nacht hindurch ist ein Kommen und Gehen, sie rennen mit ihren nackten Füssen über die Treppe, sie poltern, kichern, und sie liegen zu zweit oder zu dritt in den Betten...» Ich stockte.

«Macht nichts, mein Vater sagt immer, über diese Dinge soll man offen sprechen.»

«Niemand sagt etwas, niemand kommt und erklärt uns, was da geschieht, die Lehrer prügeln, wenn sie sie erwischen. Am andern Morgen verteilt Fritschi Striche. Und dann gibt's Schläge und Strafen, die noch schlimmer sind, zum Beispiel Arrest im Blauen Zimmer.»

«Was ist das?»

«Ein Zimmer im ersten Stock des alten Hauses. Es ist blau gestrichen, ich weiss nicht warum. Man hat Angst dort, die ganze Nacht hat man Angst, und manchmal sind da so sonderbare Geräusche, ein Kratzen und Heulen, dann wieder wischt etwas über den Korridor, vielleicht ein Tier, es tappt, und dann plötzlich kreischt etwas. Ich war eine Nacht im Blauen Zimmer, ich möchte nicht mehr dahin.» Ich schwieg und schaute auf den See hinaus. Es hatte wenig Sinn, das alles zu erzählen.

«Du hast keine Chance, nicht wahr?»

«Ich verstehe dich nicht», sagte ich.

«Du kommst nie mehr aus diesem Heim heraus?»

«Nein, ich muss dableiben, ich habe keine andere Wahl.»

Sie stand auf und ging zum Ufer hinunter. Ich folgte ihr zögernd.

«Elsbeth», sagte ich, «du wirst niemand etwas sagen von dem, was ich dir erzählt habe.»

Sie drehte sich um und lächelte. Die Sonne spielte in ihrem roten Haar.

«Nein, das nicht. Aber ich will dir helfen, wenn ich kann. Ich werde nur mit meinem Vater darüber sprechen, sonst mit keinem Menschen.»

Wir kauften mit unsern Bons eine Bratwurst und ein riesiges Stück Schwarzbrot. Im Dunst war das Landidörfli auf der andern Seite des Sees kaum zu sehen, nur die grellbunten Flaggen und Fahnen brachen durch den Dunst. Wir gingen durch eine der riesigen Hallen, in denen grosse Turbinen standen, zum Ausgang und setzten uns bei einem riesigen Rosenstrauch auf eine Bank.

«Es gibt noch einen Grund, warum es mir im Heim nicht gefällt», begann ich. «Die Erzieher sind im Heim so verschieden. Die einen erzählen uns dauernd vom Heiland. Die andern sind so brutal, schlagen manchmal ohne Grund auf uns ein. Zum Beispiel Lüthi. Er ist sicher der Gescheiteste. Er liest, er spielt mit uns Völkerball, er geht mit uns in die Wälder. Im letzten Winter ging er fast jeden Sonntag mit uns Ski fahren. Er kümmert sich um uns. Aber plötzlich schlägt er einen von uns zusammen. Ich verstehe das nicht. Am Abend ist er völlig anders. Er diskutiert mit dem Stallknecht und dem Pferdemeister. Beide kümmern sich nicht um Politik. Der Stallknecht ist ein dummer Kerl, aber er hört Lüthi immer zu. Lüthi verliert fast immer die Nerven dabei. Er schreit: ‹Wenn's doch nur endlich einmal losginge. Das ist ja nicht auszuhalten. An allem sind die Juden schuld, die zetteln einen Krieg an, die kriechen vor Hitler auf dem Bauch, geben ihm Geld, und wir müssen das alles bezahlen.› Aber ich glaube nicht, dass Lüthi ein Nazi ist.»

«Täusch dich nicht», sagte Elsbeth. «Mein Vater hat bei vielen herausgefunden, dass sie heimlich auf Hitler hoffen. Er schreibt sie alle auf. ‹Die Liste können wir vielleicht eines Tages brauchen›, hat er gesagt. Aber du musst mir von dir erzählen, vom Heim, deinem Leben dort.»

«Ja, die Erzieher, das ist das eine. Aber da sind noch die Gehilfinnen. Diese Mädchen, die nur ein paar Jahre älter sind als wir, sie sind manchmal fröhlich, fast ausgelassen. Sie fassen uns bei jeder Gelegenheit an, zerren uns am Arm oder klammern sich beim Spielen an uns, ringen mit uns, versuchen uns auf den Rücken zu legen – und dann sehen sie einen mit grossen Augen an, mit offenem Mund. Und am Abend, da streichen sie im Schulhaus herum, dabei wohnen sie drüben im alten Haus. Die Buben machen Witze darüber, aber den Mädchen scheint das nichts auszumachen. Auch der Hausvater tut so, als ob er nichts davon wüsste.»

«Was hat das mit dir zu tun?»

«Nichts», sagte ich und wurde rot. «Das nicht, aber die Mädchen müssen ja nicht ins Blaue Zimmer.»

Elsbeth sah mich an: «Kein Mensch würde das glauben. Alle meinen, im Heim herrsche Ordnung. Fritschi wurde deswegen auch in die Kirchenpflege gewählt.»

«Bitte erzähl nichts weiter. Wenn Fritschi etwas davon erfährt, wäre das mein sicheres Ende im Heim. Ich müsste nach Tessenberg oder in ein noch schlimmeres Heim.»

Wir gingen die beflaggte Bahnhofstrasse hinunter. In der Bahnhofshalle schwirrte und summte es, eine Lokomotive pfiff und Wagen stiessen klirrend zusammen. Auf dem letzten Gleis stand eine Dampflokomotive der Deutschen Reichsbahn. Besucher aus Deutschland waren damit hergereist. Der Zug mit den dunkelgrünen Wagen trug Hunderte von Hakenkreuzfähnchen. Wir suchten unsere Kameraden und fanden sie auf dem dritten Perron. Der Zug wurde eben in die Halle geschoben.

Wir stiegen ein. Sollberger zählte uns zweimal, dann setzte er sich einige Bänke weiter zu Kameraden. Elsbeth setzte sich neben mich, etwas abseits von den Mitschülern, und hielt meine Hand.

«Würdest du uns einmal an einem Sonntag besuchen, du könntest bei uns zu Mittag essen», sagte sie. «Mein Vater wäre sicher damit einverstanden, und für dich wäre das eine Abwechslung.»

«Ich weiss nicht, ob Fritschi das bewilligt. Er sieht es nicht gern, wenn wir am Sonntag fortgehen. Wir dürfen nicht einmal zu einem Fussballspiel.»

«Wie du willst», sagte sie und kramte in ihrem Täschchen, «aber versuch's trotzdem.»

Weiter vorne lachte der Kohlen-Huber laut und verkündete mit unsicherer Stimme: «Heute habe ich mein erstes Bier getrunken, das war prima», und lachte wieder.

Wir liessen die Fenster herunter und schauten in die Bahnhofhalle zurück.

An diesem Abend fiel mir alles schwerer im Heim. Ich betrachtete alles anders, seit ich mit Elsbeth gesprochen hatte. Die Ungerechtigkeiten fielen mir viel schärfer auf. Ich ging aus dem Schulhaus, spazierte bis zu Bauer Hürlimanns Hof, kehrte wieder um und stand auf dem grossen Spielplatz. Ich dachte darüber nach, was Elsbeth mir gesagt hatte. Langsam ging ich zum Heim zurück und blieb auf dem Platz zwischen dem alten Haus und dem Schulhaus stehen.

Wie ich das alles hasste, diese ganze Bande Verrückter, zu der ich gehörte. Wie ich diesen Fritschi hasste, die Gehilfinnen, die Stallmeister und die Lehrer. Ich weinte beinahe vor Hass und Zorn, und dass ich für immer bei solchen Menschen leben musste. Ich ging wortlos zu Bett. Als Hofer, der neben mir lag, leise fragte: «Was hast du, du bist so komisch», sagte ich schroff: «Lass mich in Ruhe, ich will nichts mehr hören von dem ganzen Dreck!»

Moor

Während den Hundstagen, die in diesem Jahr besonders heiss waren, bezogen Soldaten in unserer Waschküche und dem angrenzenden kleinen Schuppen Quartier. Sie richteten Strohlager ein und nagelten Bretter darüber, auf denen später Tornister und kleine graue Wäschesäcke lagen. Ein Leutnant und ein Wachtmeister hatten das Kommando über die ungefähr zwanzig Mann. Den alten Wäschehafen ersetzten sie durch einen schwarzen grossen Topf, der auf die Feuerstelle passte. Sie kochten Suppe und Fleisch. Einer der Soldaten trug eine weisse Schürze, die er schräg aufgefaltet hatte, und rührte mit einer riesigen Holzkelle im schwarzen Topf. Er hatte die Policemütze ins Genick geschoben und schwitzte entsetzlich.

Sobald wir zu nahe herankamen, rief er mit seiner tiefen Bassstimme: «Weg da, ihr Nichtsnutze. Hier habt ihr nichts zu suchen.» Trotzdem blieben wir in respektvollem Abstand stehen und schauten ihm zu.

Wir hatten zwar nur am Abend ein wenig Zeit, bei den Soldaten zu stehen. Tagsüber arbeiteten wir auf dem Feld. Nach der Heuernte hatten wir «Heuhahnen» gefeiert, ein lustiges Fest drüben in der grossen Einfahrt der Scheune, wir hatten verdünnten Süssmost erhalten, ein Brot und eine kleine Wurst. Auch Lieder hatten wir gesungen. Die Gehilfinnen hatten sich zu uns gesetzt. Schliesslich brach Hausvater Fritschi das Fest nach einem kurzen Dankgebet ab und schickte uns ins Bett.

Nach dem Heu die Kirschen, die nur von bevorzugten Zöglingen gepflückt werden durften. Ludi, der nicht mit uns essen durfte, hatte sich von einem Baum einen Korb voll Kirschen geholt, die er im Schweinestall versteckte. Fritschi fand sie, prügelte Ludi vor uns und steckte ihn ins Blaue Zimmer.

Dann kam der Sommer mit der schweren Arbeit auf dem Feld. Der Weizen stand schwer auf dem grossen Acker oberhalb des Spielplatzes, der Roggen hatte die Ähren schon in der trockenen Reife gekrümmt. Wir gingen mit kurzen Sensen auf den Acker und mähten den ganzen Tag. Während der kurzen Mittagsrast auf dem Feld verteilten die Gehilfinnen verdünnten Süssmost. Wir erhielten ein bisschen Speck und viel Brot, und dann trieb uns Fritschi wieder an. Wir schwitzten, unsere nackten Oberkörper glänzten in der Sonne, und unsere Rücken schmerzten, wenn wir den gemähten Roggen aufnahmen und in kleine Garben banden. Mitten in diese Ernte erhielt ich Besuch: ein Schulfreund aus Bachtann fuhr auf dem kleinen Feldweg mit einem Motorrad bis zu uns. Er sprach zuerst mit Fritschi, der im Schatten eines Baumes mit irgendwelchen Akten beschäftigt war. Dann kam er quer durch den abgeernteten Acker auf mich zu. Ich erkannte ihn erst, als er vor mir stand und ich mir den brennenden Schweiss aus den Augen gewischt hatte. Es war Fritz, der älteste Sohn der Sonntagsschullehrerin.

«Was willst du denn hier?»

Er sah mich von oben bis unten an. Dann sagte er: «Salü, Bernie. Geht's dir nicht gut?»

«Wie geht's Papa?» fragte ich.

«Er lässt dich grüssen.» Und dann: «Hilda hat geheiratet, ihren Schulfreund.»

«So? Und?»

«Ich fuhr gerade hier vorbei. Sie hat in einer kleinen Kirche, ich glaube in Witikon, geheiratet. Es war eine schöne Hochzeit. Ich sagte, dass ich noch schnell bei dir vorbeifahren würde. Ich habe nämlich ein neues Motorrad, das wollte ich ausprobieren, und jetzt bin ich eben da.»

Ich wurde versöhnlicher. «Das ist nett von dir. Aber die Hochzeit von Hilda interessiert mich nicht.»

«Sie bekommt ein Kind», fuhr Fritz fort. «Sie hat schon einen schön dicken Bauch», grinste er.

Er schwieg, als ich keine Antwort gab.

«Sag einmal, gefällt's dir eigentlich hier?»

«Falls du es genau wissen willst: Es hat mir keine einzige Minute gefallen hier», sagte ich leise, damit mich Fritschi nicht hören konnte. «Und wenn du den Zangger siehst, dann sag ihm das auch. Dieses Heim ist der grösste ...»

Ich sah Fritschi über den Acker kommen.

«Ich lasse Papa grüssen, bitte vergiss es nicht», sagte ich laut. «Er soll mich doch einmal besuchen kommen.»

«Werd's ausrichten», sagte Fritz und trat sein Motorrad an. «Das andere werde ich auch nicht vergessen, da kannst du dich drauf verlassen.» Er schwang sich auf den Sitz, drehte am Gasgriff, eine blaue Wolke kam ratternd aus dem Auspuff, er nahm das Gas zurück. Ich drückte seine Hand und sagte: «Grüss mir Ernst und Susi und alle andern. Vergiss nicht den Karamel-Gusti und die Nachbarn. Sag ihnen einfach, dass es mir gut geht. Hörst du?»

«Ja, ja», sagte Fritz. Dann fuhr er knatternd ab, ich sah ihm nach, bis Fritschi rief: «He, Bernie, du verdammter Faulpelz, mach vorwärts!»

Nach dem Nachtessen schauten wir den einrückenden Soldaten zu. Sie kamen müde, schweissbedeckt und unter den Lasten gebeugt aus dem Wald. Sie fluchten, wurden von den Unteroffizieren angetrieben und legten ihre Lasten auf dem grossen Platz vor der Scheuneneinfahrt ab. Helme fielen klirrend zu Boden, wurden wie Fussbälle getreten und flogen in die Wiese neben dem Hühnerstall. Die Hennen flüchteten flügelschlagend und gackernd zum kleinen Türchen.

Die Unteroffiziere brauchten lange, bis sie wieder Ordnung hergestellt hatten, und riefen höhnisch: «Euch werden wir's ja noch zeigen, wartet nur, bis Krieg ist.»

Nach der kurzen Inspektion, dem Inneren Dienst und

dem Nachtessen sassen die Soldaten im Schuppen, rauchten, tranken Bier und jassten bis tief in die Nacht. Lüthi versuchte immer wieder, ihnen Ruhe beizubringen. Sie lachten ihn nur aus.

«Blöder Schulmeister!» sagte der Wachtmeister. «Der soll uns in die Kappe scheissen, wir sind nicht zu unserem Vergnügen hier.»

Wenn wir im Bett waren, begann ein Flüstern um das alte Waschhaus. Die Gehilfinnen hielten nach den Soldaten Ausschau. Sie sprachen leise mit den Männern, kicherten, und manchmal kreischte eine, wenn ihr einer zu nahe gekommen war.

Wir schlichen zu den Fenstern und schauten hinunter. Vor allem Güttinger, der uns alle um einen Kopf überragte, regte sich schrecklich auf, wenn die blonde Unterländerin dabei war.

Moor, ein verschlossener, manchmal bösartiger Stadtzürcher, war erst vor kurzem aus der Sekundarschule geschmissen worden. Er stand in seinem langen Nachthemd am Fenster und starrte in den Hof hinunter. Er hatte es mit der jungen Jurassierin, die während der Ernteferien im Heim mithalf. Sie war dunkelbraun, hatte helle Augen und grosse Brüste. Moor hatte sie schon am ersten Tag lange angestarrt.

Moor wurde fast jeden Tag verprügelt. Fritschi hasste ihn und zeigte es auch.

Moor blieb nie etwas schuldig. Er fluchte ganz offen über Fritschi, die Anstalt, die Lehrer, die Stallmeister und sein Leben. Er konnte entsetzlich fluchen. Wir hatten Angst vor ihm. Er war gross und stark.

Er machte es nicht wie Ludi, der sich fast fuchsartig bewegte, da etwas Kleines stahl, sich dort einen Apfel fischte und bei Tante Zurflüh in der Küche manche Brotscheibe bekam, von der Fritschi nichts wusste. Er liebte Tante Zurflüh wie eine Mutter. Alles, was er erbeutete, versteckte er in einer leer stehenden Schweinebucht in einer Kiste. Wenn wir auf dem Feld arbeiteten, verschwand Ludi manchmal blitzschnell, rannte in den Schweinestall und ass hastig etwas.

Moor war wortkarg, und seine runden Augen starrten aus einem mürrischen Gesicht. Es hiess, er sei vor diesem Heim schon in drei Anstalten gewesen. Er habe einen Amtsvormund, der ihn schon halbtot geprügelt habe. Er fluchte auch auf seinen Vormund. Aber das taten alle.

Die Grenzbrigaden waren vor kurzem mobilisiert worden. Der Krieg schien unvermeidlich. Neue Truppen waren bei uns eingerückt. Die alte Waschküche war zu einer Dauerküche für Soldaten geworden. Ein neuer Zug war bei uns eingezogen. Sie hatten schwere Infanteriewaffen bei sich. An einem späten Sommerabend zogen neue Soldaten zugweise vor der Scheune auf. Immer mehr Offiziere erschienen in sauber geputzten Uniformen. Schliesslich tauchte ein Auto auf, dem hohe Offiziere entstiegen. Emil, der Militärspinner, konnte sich nicht sattsehen an den Offiziersmützen, an den dicken Oberstenstreifen, an dem Oberstdivisionär, der mit seinem langen Säbel über den Spielplatz stelzte.

«Das ist der Kommandant der 6. Division», rief er aufgeregt. «Sein Bild steht auch in meinem Album. Wenn ich ihm nur einmal die Hand geben könnte!» Wir lachten. Er wurde böse und fluchte.

Der Platz vor der Scheune war zu eng. Die Offiziere befahlen die Soldaten auf den Spielplatz, wo sie sich wieder in Formation aufstellten.

Sie packten ihre Tornister aus, legten alles geordnet nebeneinander, sahen die Schuhsohlen nochmals an, putzten ihre Taschenmesser mit den Nastüchern.

Die Gewehre hatten sie in Pyramiden zusammengestellt. Ein Hauptmann trat vor sie hin und befahl ihnen, die Gewehre zu holen. Sie rissen die Pyramiden auseinander und rannten zu ihren Tornistern zurück.

Die Inspektion begann. Der Divisionär ging langsam in einiger Entfernung auf und ab und unterhielt sich mit einem Major, seinem Adjutanten. Sie schauten kaum zu den Soldaten herüber, die ihre Ausrüstung einzeln vorzeigen mussten. Der Feldweibel ging nervös um die Truppe herum und wartete das Ende der Inspektion ab.

Alle aus dem Heim standen dabei: die Stallmeister, die Lehrer, die Gehilfinnen, die Zöglinge. Wir verfolgten das Geschehen aufmerksam. Unser Pferdemeister erklärte alles und sprach immer wieder von seiner eigenen Einheit. «Das Schellensechs ist das beste Bataillon der Armee.»

Die Inspektion war beendet. Der Divisionär trat vor die Truppe, die Soldaten und Offiziere standen in Achtungstellung und schauten starr auf den hohen Offizier. Er hielt eine kurze Ansprache, betonte den Ernst der Zeit, sprach vom Krieg, der jeden Tag ausbrechen könne.

Er salutierte. Die Soldaten schlugen die Absätze ihrer schweren beschlagenen Schuhe zusammen, dass es knallte. Der Major meldete die Truppe ab, der Divisonär ging zu dem schwarzen Buick und gab dem Fahrer das Zeichen zur Abfahrt.

Die Soldaten auf dem grossen Spielplatz erhielten eine Rauchpause.

Ein Hauptmann bestieg ein schwarzes Pferd, das eine Ordonnanz herumgeführt hatte, und rief laut: «Zum Abtreten bereitmachen. Die Kompanie bezieht in der Scheune für zwei Nächte Quartier. Ausgangssperre für das Dorf ist für heute aufgehoben. Feldweibel, melden Sie die Kompanie ab.»

Wir waren so in das militärische Schauspiel vertieft, dass wir die Schreie nicht sofort hörten. Erst allmählich drangen sie in unser Bewusstsein.

Es war eine Frau, die schrie. «Hilfe, loslassen, Hilfe!»

Wir drehten uns um. Der Lehrer, die Stallmeister und die Gehilfinnen starrten zum Schulhaus hinüber.

Lüthi war der Erste, der losrannte. Er hastete über den Platz und verschwand um die Ecke bei den Arkaden.

Alle setzten sich plötzlich in Bewegung. Wir gingen langsam, ängstlich geworden, hinterdrein. Lüthi sprang in langen Sätzen die Treppe in den Keller hinunter. Er riss die Tür zum Duschraum auf.

Auf dem Boden lag die Jurassierin. Sie blutete aus dem Mund. Ihre Kleider waren zerrissen, die schweren Brüste nackt und voller Kratzer. Sie wimmerte leise.

Moor stand in einer Ecke des Raums. Sein Gesicht war weiss, er hatte die Augen halb geschlossen. Er sah starr vor sich hin. Seine rechte Hand war voller Blut.

Lüthi sprang über das Mädchen hinweg und versuchte Moor zu packen. Er wich geduckt aus, zitterte, und begann plötzlich zu heulen. «Nein, nein», schrie er. «Nein, ich wollte es nicht tun, bestimmt nicht, ich wollte es nicht tun. Sie hat...» Er kam nicht weiter. Lüthis Faust schoss ins Gesicht des Zöglings, der sich taumelnd um sich selbst drehte. Lüthi war über ihm und schlug und trat ihn.

Das Mädchen war mühsam aufgestanden. Die Unterländerin stützte sie, als sie hinausgingen. Wir standen alle im Gang, als Lüthi Moor aus dem Raum schleifte.

«Macht, dass ihr wegkommt. Das ist nichts für euch!» schrie er.

Moor riss sich plötzlich los und stellte sich an die Wand. Er war ruhig geworden. Er sagte: Sie hat mich verführt. Sie hat mich geküsst, sie hat mich umarmt, und als ich dann wollte, hat sie mich zurückgestossen. Da wurde ich wütend.»

Lüthi starrte ihn an. Dann sagte er zischend: «Das wirst du büssen, mein Gott, das wirst du büssen!»

Lüthi packte ihn, riss ihn die Treppe hinauf und zerrte ihn auf den Platz zwischen altem Haus und Schulhaus.

Fritschi hatte dort gewartet. Er sah Moor schweigend an. Er hatte die Augen unter den hellen, buschigen Brauen fast geschlossen. Sein Kinn bewegte sich langsam, als ob er etwas kauen würde. Dann sagte er langsam: «Ins Blaue Zimmer.»

Moor blieb stehen und sah Fritschi an.

Die Soldaten äugten herüber. Sie waren aufmerksam geworden. «Ich werde nie wieder ins Blaue Zimmer gehen», schrie Moor.

«Übernehmen Sie ihn», sagte Fritschi zu Lüthi.

Moor rannte plötzlich los. Er überquerte den Platz und verschwand um die Schulhausecke. Lüthi spurtete hinter ihm her und erwischte ihn, als er in die Wiese sprang. Er packte ihn, schlug ihm ins Gesicht und brachte ihn zurück. Fritschi sagte laut: «Damit es alle wissen: Moor wollte Fräulein Masset vergewaltigen. Er wird seine Strafe erhalten. Vielleicht wird er nach Aarberg versetzt.» Er wandte sich um und verschwand im düsteren Gang des alten Hauses. Lüthi, Moor am Arm nach sich ziehend, folgte ihm. Aber schon Sekunden später kam Moor aus dem Haus. Er hetzte Richtung Täli davon, Lüthi hinter ihm her. Diesmal erwischte er ihn nicht gleich. Moor schlug in der breiten Talsohle Haken. Er schoss durch das hohe Gras, umrundete Heuhaufen. Dann hatte Lüthi ihn. Er schlug ihn zu Boden, brach eine Holzlatte ab und begann, Moor zu verdreschen.

Moor blutete aus Nase und Ohren, aber er gab keinen Laut von sich.

Wir standen oben am Bord. Die Gehilfinnen schrien: «Aufhören, aufhören! Hören Sie doch endlich auf.»

«Er schlägt ihn tot, er schlägt ihn wahrhaftig tot», sagte Fuhrer Miggel.

Moor war nicht tot. Als Lüthi von ihm abliess, stand er auf, wischte sich das Blut vom Gesicht, starrte den Lehrer an. Lüthi war bleich. Er atmete heftig und hatte noch immer die Latte in der Hand. «Los, zurück», sagte er. «Diesmal wirst du nicht mehr davonlaufen.»

Moor ging mit gesenktem Kopf an uns vorbei. Er sah weder nach rechts noch nach links.

Wir alle ahnten, was die Jurassierin mit Moor getrieben hatte. Wir hatten immer wieder zugesehen, wie sie sich beim

Ballspiel auf ihn gestürzt hatte. Immer nur auf ihn. Sie hatte nur Augen für Moor gehabt.

Am frühen Morgen, wenn sie die Zahnpasta verteilte, stand sie bei der Tür, sie lächelte Moor zu. Sie strich ihm über den nackten Rücken: «Gut geschlafen, mon cher?» Moor grinste sie unverschämt an und versuchte, sie ein wenig anzufassen.

Wir standen auf dem Schulhausplatz.

«Sie hat ihn immer wieder angestachelt», sagte Hofer. «Sie ist eine Hexe, sie hat ihn immer gereizt, und wenn man weiss, was diese Scheissweiber hier treiben, dann ist es kein Wunder, dass Moor explodierte», sagte Fuhrer hitzig. Er ging davon, genau in dem Augenblick, als Moor im Blauen Zimmer zu schreien begann. Es war das erste Mal, dass wir Moor schreien hörten. Das grosse, blau gestrichene Fenster vom Blauen Zimmer krachte plötzlich auf den Platz hinunter, die Scheiben zerbarsten.

Wir starrten zu dem zertrümmerten Fensterrahmen hinauf. Hinter uns stand der Pferdemeister, er schüttelte immer wieder den Kopf.

Moors Kopf erschien, er war blutüberströmt. Und immer wieder war Lüthis Stimme zu hören, die sich überschlug. Moor schrie plötzlich nach seiner Mutter. Immer wieder: «Mutter, Mutter, Mutter!»

Die Zöglinge rannten voll Angst und Entsetzen ins Schulhaus, die Treppe hinauf in die Schlafsäle. Die Kleinen waren schon von den Gehilfinnen ins Nähzimmer gebracht worden.

Und immer wieder schrie Moor: «Mutter, Mutter!»

Plötzlich eilte ein Hauptmann auf den Platz. Er rief: «Was ist denn da los?» Er schaute zum Zimmer hinauf, auf das zerbrochene Fenster, und schliesslich wandte er sich an den Pferdemeister: «Was wird da gespielt?»

«Geht mich nichts an», sagte der in seiner kurzen Art. «Fragen Sie den Hausvater dort.»

Fritschi trat aus dem Hauseingang. Er trug einen langen Mantel, die Hände in den Taschen vergraben. «Was wollen Sie, Herr Hauptmann?», fragte er.

«Ich möchte wissen, warum der da so schreit.»

Lüthi kam aus dem Haus, Erschöpfung im Gesicht. Er keuchte, als er, ohne uns anzusehen, an uns vorbei ging und im Schulhaus verschwand. Seine Knöchel waren voll Blut. Diese Nacht schliefen wir unruhig. Ein Flüstern ging durch den Raum, tappende Füsse huschten durch den Gang. Manchmal schluchzte einer.

Beim Frühstück fehlten Lüthi und Fritschi. Die Hausmutter sass unruhig auf ihrem Platz und spähte immer wieder zur Speisesaaltür. Dann raffte sie sich auf und sagte: «Der Hausvater hat noch zu tun, wir wollen beten.»

Wir sassen still. Sie betete laut und schaute dabei auf ihre Finger. Dann sagte sie: «Guten Appetit.»

Wir assen schweigend.

Plötzlich flog die Speisesaaltür auf. Fritschi kam herein. Er war weiss im Gesicht, ruderte mit den Armen. Wir glaubten im ersten Moment, er sei krank. Die Hausmutter war aufgesprungen. «Walter», rief sie, «was ist geschehen, was hast du?»

«Der Moor, der Moor!», stiess Fritschi hervor. Schweiss stand auf seiner Stirn. Er machte eine fahrige Bewegung mit der Hand und fuhr fort: «Er hat sich mit seinem Gurt aufgehängt.»

Atemloses Schweigen lag über dem Speisesaal. Wir sassen entsetzt auf unsern Bänken, sogar Ludi sass auf seinem Platz und reckte den Hals.

Nach einer Weile hob Fritschi den Kopf.

«Der Moor hat sich aufgehängt», sagte er nochmals. «Der Kerl hat sich am Fensterrahmen im Blauen Zimmer aufgehängt, kurz nachdem ihn Fräulein Meili gestern Abend verbunden hat… die paar Schrammen. An Prügeln ist noch keiner gestorben.»

Dann sagte er unvermittelt: «Wir wollen beten. Steht auf.» Fritschi stand mit erhobenem Kopf da, schaute an die hölzerne Speisesaaldecke und sprach mechanisch das Tischgebet. Wir setzten uns. Nach einer Pause ging er zwischen den langen Tischen schweigend hin und her. Er hatte den Kopf gesenkt, und nur manchmal blickte er auf uns. Er entdeckte Ludi schliesslich doch, obwohl der sich so klein wie möglich machte.

«Wer hat dir erlaubt, in den Speisesaal zu kommen?», herrschte er ihn an. «Mach, dass du in den Schweinestall kommst. Wäre Moor nicht gestorben, hättest du jetzt 20 Striche eingefangen.»

Ludi verdrückte sich lautlos.

«Also», sagte Fritschi zu uns, «also, es braucht keiner Angst zu haben, dass ihm etwas geschieht. Falls die Polizei kommen sollte, dann werdet ihr wahrheitsgetreu aussagen. Keiner hat das Recht, die Unwahrheit zu sagen oder etwas zusammenzulügen. Lüthi hat Moor eine Tracht Prügel gegeben. Warum er sich das Leben nahm, ist nicht klar. Die Verzweiflung muss ihn gepackt haben nach all dem von gestern. So wird's gewesen sein. Und ausserdem hat Moor eine schwere Jugend hinter sich. Einen Vater, der schon seit Jahren im Zuchthaus sitzt, und eine Mutter, die in Zürich einen liederlichen Lebenswandel führt. Sie hat sich um den Buben nicht gekümmert.»

Er sprach mehr zu sich selbst. Seine Stimme war leise. Er ging unvermittelt aus dem Speisesaal. Wir sahen ihn den ganzen Tag nicht mehr. Wir sahen den Doktor kommen und nach einer Stunde wieder gehen. Fritschi begleitete ihn nicht einmal vors Haus. Dann kam ein Polizist, der nach einem reichhaltigen Mittagessen ebenfalls ohne Abschied wieder ging.

Wir hockten den ganzen Nachmittag im Spielzimmer. Lüthi schaute nur einmal kurz herein. Er hatte beide Hände verbunden.

Moor wurde am folgenden Montag beerdigt. Wir hatten ein Trauerlied gelernt, das wir in der Kirche sangen. Der Pfarrer erzählte vom verlorenen Sohn. Die Orgel spielte. Wir weinten alle. Vorn in der ersten Bank sass eine alte Frau. Sie hatte einen geflochtenen Hut auf den grauen, im Nacken geknoteten Haaren. Drei schwarze Kirschen schmückten den Hut.

«Das ist Moors Mutter», flüsterte eine Gehilfin. Es war die Jurassierin.

Krieg

Moors Tod hatte viel verändert. Die Gehilfinnen waren nicht mehr gleich wie vorher. Sie strichen den Buben nicht mehr nach, sie rauften sich nicht mehr mit ihnen, sie fassten sie nicht mehr bei jeder Gelegenheit an. Die Jurassierin hatte nur eine Woche nach der Beerdigung ihr Köfferchen gepackt und war an einem Abend, ohne Abschied zu nehmen, das Täli hinuntergegangen.

Fritschi sagte später, sie hätte ihr Studium in Lausanne wiederaufgenommen.

Lehrer Lüthi schlug nicht mehr so viel wie vorher. Er fluchte nur mit uns herum, wenn er nervös war.

Fritschi schien Moors Tod nicht lange zu bekümmern. Er sagte einmal, als wir von Moor sprachen: «Ich will diesen Namen nie mehr hören. Moor hat seine Strafe bekommen.»

Die Soldaten mieden uns, sie waren barscher zu uns und liessen uns nicht mehr in ihre Nähe kommen. Gingen wir in die Waschküche, um dem Küchenchef bei der Arbeit zuzuschauen, dann jagte er uns weg: «Macht, dass ihr zum Teufel kommt», und hob drohend die Faust.

Die Getreideernte war vorbei, die dürren Halme mit den schweren Ähren lagen gebündelt und schwitzend auf dem grossen Stock in der Scheune. Im Winter würden wir sie mit der kleinen Maschine dreschen. Es war eine harte Arbeit, am grossen, zugigen Fenster unter dem Giebel der Scheune, in den Staubschwaden und der grimmigen Kälte. Wir froren dabei fast die Finger ab.

Die Äpfel zeigten schon ein bisschen Farbe, die Blätter waren nicht mehr so satt grün an den Ästen. Nebel kroch das Limmattal herauf und griff manchmal ins Täli, frühmorgens.

Drüben am grossen Hügel, der das Täli gegen Altstetten begrenzt, hatte eine Baufirma mit Aushubarbeiten begonnen. Männer waren aufgetaucht, die Tag und Nacht arbeiteten. Sie hatten Scheinwerfer und Lampen an hohen Stangen aufgestellt, und jeden Tag um die Mittagszeit dröhnten dumpfe Explosionen. Der Hügel wurde buchstäblich ausgehöhlt. Überall standen Soldaten im Stahlhelm mit schussbereiten Gewehren und bewachten die grosse Baustelle. Sie hielten jeden an, der daran vorbei wollte, und prüften die Ausweise. Hatte einer keine, wiesen sie ihn zurück und erklärten: «Das ist eine geheime Anlage, es ist verboten, sie zu betreten.»

Als einer sich einmal weigerte und plötzlich davonrannte, schossen sie auf ihn, ohne ihn aber zu treffen. Er verschwand zwischen den Schrebergärten, die auf dem Hügel angelegt waren.

Fritschi sagte eines Abends nach dem Essen: «Ihr habt euch sicher schon gewundert, was da im Täli gebaut wird. Es wird eine Festung. Man wird Artillerie einbauen. Die Deutschen werden es nicht leicht haben.»

Tag und Nacht ratterten die Baumaschinen. Schwere Lastwagen führten Kies, Sand und Zement heran. Ab und zu brachte einer eine Ladung Armiereisen, das in der grossen Höhle im Hügel abgeladen wurde.

Die Landi in Zürich war zu einem einzigen grossen Volksfest geworden. Täglich strömten Tausende nach Zürich. Sie kamen mit allen möglichen Vehikeln. Immer wieder stand in der Zeitung, ein unerschrockener, mutiger Schweizer sei zu Ehren der Ausstellung von Genf oder Chur bis Zürich zu Fuss gekommen. Andere fuhren mit ihren Velos aus dem Tessin über den Gotthard an die Landi. Nach Hause fuhren sie meist mit der Eisenbahn.

Der 1. September war unser letzter Schultag an der Landesausstellung. Wir fuhren mit dem Zweier bis zum Stauffacher und wollten wie üblich die kurze Wegstrecke bis zum

Landi-Eingang zu Fuss gehen. Als der Zweier hielt, hörten wir eine eintönige, laute Stimme: «... Krieg in Polen! – Extrablatt! Krieg in Polen ...»

Ich stieg rasch aus und kaufte das Extrablatt. Nur eine Seite war bedruckt. Deutschland hatte am frühen Morgen Polen angegriffen.

Die Schulstunde war vom Kriegsausbruch überschattet. Wir sassen auf unsern Stühlen und starrten unseren Lehrer an, der nervös hin und her ging. Seine Gedanken waren nicht mehr beim Unterricht. Er schien erleichtert, als die Stunde vorüber war. Er verabschiedete sich durchs Mikrofon von den Zuschauern draussen und wünschte ihnen «Alles Gute und viel Glück». Dann schaltete er das Mikrofon aus und rief: «Kommt alle her. Der Krieg ist noch weit weg, aber leider kann ich euch nicht mehr durch die Ausstellung begleiten. Ich muss sofort nach Hause. Kann sein, dass ich heute noch einrücken muss. Ich nehme an, dass heute noch die Armee aufgeboten wird, dann werden wir morgen und in nächster Zeit keine Schule haben.» Er machte eine Pause und fuhr dann fort: «Ihr wart eine gute Klasse, ich bin mit euch sehr zufrieden. Ich hoffe, dass ich bald Urlaub bekomme. Denkt ein bisschen an das, was ich euch gesagt habe. Vergesst die Schulbücher nicht ganz. Und wenn es Krieg geben sollte, dann soll jeder dort mithelfen, wo er gebraucht wird.»

Wir schauten ihm nach, bis er verschwunden war. Dann gingen wir zum Schiffsteg hinunter und fuhren mit einer «Schwalbe» zum andern Ufer.

Die Fahnen wehten, die Blumen blühten, die Musikkapellen spielten. Nur die Menschen hatten sich verändert. Bier wurde getrunken, Glas um Glas geleert, neues bestellt, und dazu mancher Schnaps. Man wollte noch einen kleinen Zipfel des Festes festhalten, man glaubte nicht an den Krieg, der an diesem ersten Septembermorgen ausgebrochen war. «Diese verdammten Sauschwaben.» Die Männer machten grimmige Gesichter. Als das Zeitzeichen aus einem Lautsprecher ertönte, legte sich eine geisterhafte Stille über den Platz. Die Menschen blieben stehen, wo sie waren, und reckten die Köpfe. Der Nachrichtensprecher las die ersten Wehrmachtsberichte und sprach vom Vormarsch der Deutschen in Polen. Er verkündete, dass der Bundesrat die Kriegsmobilmachung der Armee beschlossen habe und die Landesregierung das Volk auffordere, Ruhe zu bewahren und die Mobilisation der Truppe nicht zu behindern. Er verlas die Nummern der Einheiten, die sofort einzurücken hatten. Der erste Kriegsmobilmachungstag sei morgen, am 2. September. Die Bundesversammlung wurde zu einer Extra-Session einberufen. Die Nachricht, dass der Bundesrat beschlossen hatte, die Landesausstellung bis auf weiteres zu schliessen, drang erst zwei Stunden später durch, als blaugekleidete Securitas-Wächter durch die Ausstellung gingen und die Besucher anwiesen, bis drei Uhr das gesamte Gelände zu verlassen.

Langsam stieg ich aus dem Täli zum Heim hinauf. Bei der grossen, roten Scheune an der Limmat stand Bauer Speich. Er lachte und winkte. Wir fürchteten ihn alle, weil er als Tierquäler bekannt war. Er tötete Hunde mit blossen Händen. Er fing sie mit einer Wurst ein und drehte ihnen den Hals um.

Güttinger sagte einmal: «Der würde das auch mit einem Menschen tun.»

Fritschi war nicht mehr da; der Pferdemeister, der Stallknecht und der fromme Lehrer waren schon am Nachmittag gegangen. Das Heim wirkte wie ausgestorben. Ich ging ins Büro und meldete mich bei der Hausmutter zurück.

«Gut, dass du kommst, ich hatte schon Angst, es würde kein Tram mehr fahren. Habt ihr morgen noch Schule?» «Nein, ich glaube, Herr Sollberger ist schon eingerückt. Er hat sich von uns schon in der Landi verabschiedet.»

«Ja, die Zeiten ändern sich jetzt. Wir sind auf jeden angewiesen im Heim. Du arbeitest morgen früh im Kuhstall. Du wirst melken lernen müssen. Cuon bringt es dir bei. Ich brauche gescheite Leute im Stall, damit nicht alles kaputt geht.»

Sie schwieg und starrte auf ein Blatt Papier. Ich sagte nichts, schaute sie nur wortlos an.

Als ich bei der Tür war, rief sie mich zurück: «Herr Lüthi vertritt meinen Mann. Sei folgsam, wenn er etwas sagt, er ist jetzt sehr nervös.»

Ich gab keine Antwort. Ich wusste, was es bedeutete, wenn Lüthi nervös war.

Ich brachte dem Lehrer das Abendblatt. Er riss es mir aus den Händen und sagte: «Diese verdammten Schwaben, jetzt haben sie doch losgeschlagen!»

Ich sah, wie seine Hände zitterten, als er die Zeitung aufschlug. Sein rechtes Augenlid zuckte unablässig hinter den dicken Brillengläsern. Er überflog die erste Seite, dann faltete er die Zeitung auseinander und sagte, wie zu sich selbst: «Diese Polacken sind keinen Schuss Pulver wert.»

Vor dem Abendessen ging ich in den Stall. Cuon, ein hochaufgeschossener Zögling, sah mir finster entgegen. Er hockte unter einer Kuh und molk.

«Ich bin von morgen an im Stall.»

«Ich weiss. Da wird dann pariert!»

«Dir?»

«Wem sonst? Der Stallknecht ist eingerückt. Ich habe jetzt die Aufsicht.»

Ich ging hinaus. Mir war beinahe übel, wenn ich daran dachte, dass ich mit Cuon zusammenarbeiten musste. Ich ging ins Schulhaus, suchte Hofer und fand ihn im Spielzimmer.

«Was machst du jetzt, wenn keine Schule mehr ist?», fragte ich.

«Weiss ich nicht. Vermutlich werde ich in den Pferdestall geschickt.»

«Da hast du Glück gehabt, ich bin im Kuhstall.»

«Bei Cuon? Da wirst du ja etwas lernen», spottete er. «Vor allem, wie man ausmistet und die übrige Dreckarbeit macht. An die Kühe wird der dich kaum heranlassen.»

Die Glocke läutete zum Essen.

Die Hausmutter liess uns lange schweigend auf unseren Plätzen sitzen. Sie sah uns immer wieder an. Dann betete sie laut. Sie liess es nicht beim gewohnten Tischgebet bewenden. Sie betete zu Jesus Christus, uns doch den Frieden zu schenken, die Soldaten zu segnen und dem Land das Ärgste zu ersparen. Kaum hatte sie das Amen gesprochen, kam Fritschi mit schnellen Schritten in den Speisesaal. Er trugt jetzt Uniform. Nach dem Essen und nachdem er das Dankgebet gesprochen hatte, stand er auf und ging im Saal auf und ab, wie damals, als er uns vom Tode Moors erzählt hatte. «Ich bin nur für einige Minuten gekommen», begann er. «Ihr wisst alle, dass der Krieg ausgebrochen ist. Ihr wisst, dass fast alle Angestellten schon eingerückt sind. Es gibt viel Arbeit. Wir sind auf jeden angewiesen. Genau wie die Soldaten an der Grenze, so müsst auch ihr hier eure Pflicht tun. Die Strafen werden hart sein. Es wird nicht nur Striche geben wie bis jetzt. Wir werden schon eine Methode finden, damit jeder kapiert, um was es geht. Der Krieg ist eine ernste Sache.»

Er brach ab und sagte, während er sich die Policemütze aufsetzte: «Denkt daran, jeder muss seine Pflicht tun!»

Er ging aus dem Speisesaal. Wir waren aufgestanden und hatten im Chor gerufen: «Gute Nacht, Herr Fritschi.»

Die ganze Nacht lagen wir wach. Militär zog am Heim vorbei. Soldaten mit Pferdekarren rasselten vorüber, Hufe trappelten, die Pferde wieherten und schnaubten. Wir standen fast die ganze Nacht an den Fenstern und schauten den Soldaten nach.

Am Abend des dritten Tages nach Kriegsausbruch traf ein schwarzhaariges Mädchen in der Anstalt ein, das forsch nach der Hausmutter fragte. Sie war das neue Kindermädchen, das Frau Fritschi angestellt hatte, um sich mehr um das Heim kümmern zu können. Das Mädchen hiess Petra, war schlank und hatte einen auffallend grossen Busen. Sie wohnte im obersten Zimmer unter dem Giebel des alten Hauses. Schon am ersten Morgen, nachdem sie die Kinder der Hausmutter versorgt hatte, kam sie zu uns auf den Kartoffelacker und half. Sie lachte viel und fand die Arbeit «toll». Sie rutschte genau wie wir auf der feuchten Erde herum und füllte ihren Korb. Lüthi war an diesem Abend besonders zufrieden mit uns. Nach dem kurzen Nachtessen rannte er in sein Zimmer, um die Abendnachrichten nicht zu verpassen. Er kam nachher ins Spielzimmer, in dem wir müde sassen, und sagte: «Die Deutschen geben's den Polen, diesem Saupack, ganz tüchtig.»

Wir waren zu müde, um ihm zuzuhören. Mancher ging schon zu Bett, bevor die grosse Glocke geläutet wurde. Der nächste Tag brachte Regen und einen neuen Gast. Der hinkende Sohn des Dorfpfarrers kam als «unbezahlter Mitarbeiter», wie Lüthi sagte, und half uns im Estrich die frisch geernteten Zwiebeln putzen und sortieren. Er sprach nicht viel, sah dafür Petra, die zwischen ihm und mir auf einem Obstharass sass, unentwegt an. Sie beachtete ihn nicht. Wir putzten schweigend die Zwiebeln. Manchmal berührte sie wie zufällig meinen Arm, einmal strich sie mir mit der schmutzigen Hand übers Knie und sagte: «Ist das eng in diesem Estrich.» Sie hatte ein zierliches Gesicht. Auf ihrer Oberlippe wuchs hauchdünner schwarzer Flaum.

Der Oktober brachte den ersten Schnee. Die Äcker lagen fast alle brach und ungepflügt. Selbst die Pferde hatte die Armee geholt und uns nur zwei junge Freiberger zur Verfügung gestellt. Hofer fuhrwerkte mit den jungen Gäulen, die, einmal eingespannt, immer wieder auszubrechen versuchten. Sie wollten nicht ziehen. Wir standen ratlos um den Pflug, mit dem wir den langgezogenen Acker umpflügen sollten.

Die Gäule schlugen aus, wieherten und drängten in den Zugstrangen immer wieder zurück, wenn wir sie anzutreiben versuchten. Schliesslich kam der alte Bauer Hürlimann. Er hatte uns von seiner Wiese jenseits der Strasse aus lange zugesehen.

«Die wollen nicht ziehen», sagte er langsam und bedächtig. «Ich wüsste da schon ein Rezept.»

Wir schauten den alten Bauern an.

«Soll einer einmal ein bisschen Stroh holen», befahl er.

Hofer rannte in die Scheune und kam mit einem Arm voll Stroh zurück.

«So», sagte Hürlimann. «Jetzt gehen mal zwei an die Halfter und halten die Gäule fest.»

Hofer und ich gingen nach vorn. Hürlimann zündete ein Streichholz an, hielt es an das gebündelte Stroh. Als das dürre Stroh brannte, warf er es unter die beiden Pferde. Die Gäule schlugen aus und warfen sich in die Zugstrangen, stiegen in die Höhe; aber schliesslich zogen sie, was das Zeug hielt. Wir hatten Mühe, sie zurückzuhalten, so hatte sie das Feuer unter den Bäuchen erschreckt. Von da an hatten wir keine Mühe mehr mit ihnen. Wollte einmal einer nicht, brauchten wir nur ein Zündholz anzureissen, und schon stapften sie davon.

Schon zwei Wochen später lagen die Äcker dampfend da, alle waren frisch umgepflügt, und die Wintersaat war im Boden.

Die Heimweihnacht wurde zwei Tage vor den Weihnachtstagen gefeiert. Es war ein einfaches Fest mit viel Liedern und wenig Geschenken. Wir spielten ein Krippenspiel, sangen die alten Weihnachtslieder. Ich hatte von Mutter ein Paar gestrickte Socken und eine Schokolade erhalten. In einem zittrig geschriebenen Brief liess sie mich wissen, dass zu Hause alles in Ordnung und Papa im Luftschutz sei. Von einem unbekannten Wohltäter erhielt ich ein Paar Gamaschen. Sie waren mir zu eng und rutschten immer wieder über den Schuhrand hinauf. Fritschi war nicht erschienen. Er tat irgendwo bei Baden in einer Festung Dienst und hatte keinen Urlaub erhalten, obwohl der Krieg in Polen schon seit vielen Wochen beendet war. Die Hausmutter sagte nur einmal: «Herr Fritschi lässt allen ein fröhliches Weihnachtsfest wünschen.»

Noch lange war ein Flüstern im Schlafsaal. Ich war kaum eingeschlafen, als ein tagheller Blitz die Nacht zerriss und ein gewaltiger Donnerschlag folgte. Nur Sekunden später wiederum die grelle Helligkeit und eine zweite Explosion. Die dritte Explosion scheuchte uns aus den Betten. Wir schauten über den Kamm des Berges zum Lichthimmel der Stadt hinüber. Wir hörten plötzlich das leise Sirren von Flugzeugmotoren, so weit weg, als ob die Flugzeuge in unerreichbarer Höhe wären.

Die vierte Explosion war die stärkste. Die Fensterscheiben zitterten, und das Schulhaus bebte leicht. Lüthi war auf einmal da und schrie: «Es geht los, es geht los, die Deutschen kommen!» Er kommandierte mit weit aufgerissenen Augen: «Los, in den Keller, die Deutschen greifen Zürich an!»

Dann rannte er die Treppe hinauf in die Mansarde. Wir hörten, wie er die kleinen Zöglinge zur Eile antrieb. Wir schlüpften in die Hosen, stopften die langen Nachthemden hinein und gingen barfuss hinunter in den Duschraum. Dort setzten wir uns auf die Bänke. Schon nach kurzer Zeit kamen die Hausmutter, Petra und die Gehilfinnen. Sie trugen Morgenmäntel oder rasch übergeworfene Regenmäntel. Sie sagten kein Wort, aber die Angst stand in ihren Gesichtern. Von fern waren die Luftschutzsirenen zu hören. Petra setzte sich zwischen mich und Hofer. Sie trug einen Wollschal, darunter einen Pyjama aus Barchent.

«Ist das jetzt Krieg?», fragte sie.

«Ich weiss nicht, Lüthi sagt, die Deutschen kämen», wich ich aus.

«Warum ausgerechnet an Weihnachten?», fragte sie.

Ich gab keine Antwort.

Erst gegen Mitternacht liess uns Lüthi wieder in die Schlafsäle. Er stand bei der Tür und zählte uns, als wir hinausgingen. «Wenn's noch mal knallt, dann sofort wieder in den Keller», rief er uns nach, als wir frierend die Treppen hinaufstiegen.

Petra

Januar und Februar waren kalt. Ich fror in meinen kurzen Hosen und in den Kniestrümpfen. Der Weg in die Schule und nach Hause wurde zur Qual. Kurz nach Neujahr hatten wir im Kindergarten in Oetwil den Unterricht mit Lehrer Sollberger wieder aufgenommen. Das Primar- und Sekundarschulhaus waren weiter von Militär belegt.

Lehrer Sollberger hatte sich verändert. Er war nicht mehr so fröhlich, sein Unterricht hatte an Schwung eingebüsst, er wirkte fahrig und unkonzentriert. Manchmal schimpfte er nervös, um sich aber sofort zu entschuldigen. Wir verstanden ihn nicht, er erklärte uns auch die Zusammenhänge nicht mehr wie früher, er stand manchmal schweigend im Schulzimmer und schaute uns kritisch an. Plötzlich sagte er kurz: «Schluss für heute», und verliess ohne Gruss den Raum.

Unser Französisch- und Geschichtslehrer Bollag gab nur noch wenige Stunden, dann verabschiedete er sich von uns: «Ich verlasse euch. Ich werde nie mehr zurückkehren. Es ist sinnlos, hier weiterzuleben. Falls es nicht alle gewusst haben: Ich bin Jude. Juden sind in Europa nicht mehr sicher. Auch ich nicht, obwohl ich seit meiner Geburt in der Schweiz lebe. Ich fahre nach Palästina. Ich wünsche euch alles Gute und hoffe, ihr werdet diesen scheusslichen Krieg überstehen.»

Er sagte nicht adieu oder auf Wiedersehen. Er klemmte sich die Bücher unter den Arm und ging aus dem Schulzimmer.

Später erfuhren wir, die Schulpflege habe ihm nahe gelegt, aus dem Schuldienst auszuscheiden. Es habe Beschwerden gegeben. Bollag sei nicht mehr tragbar, wenn das neue Europa anbreche.

Elsbeth ging manchmal ein Stück mit mir den Berg hinauf. Sie erzählte von ihrem Vater, der fast immer im Militärdienst sei. Nur hin und wieder tauche er an einem Abend auf, esse und trinke etwas, spreche vom Militärdienst und gehe in die Wirtschaft, was er früher nur bei Parteiversammlungen getan habe. Unsere Freundschaft war brüchig geworden. Sie fragte mich nur manchmal nach dem Heim.

Der März war trocken und windig gewesen. Die scharfe Bise hatte den Staub aufgewirbelt, und die Bäume blühten nur zaghaft.

Viele im Heim freuten sich auf den grossen Urlaub, einige wurden konfirmiert und jene, deren Eltern Geld hatten, wurden von einem Störschneider aus dem Zürcher Oberland aufgesucht, der mit Schwung Mass nahm und versprach, einen Anzug zu schneidern, «dass man den Konfirmanden für einen Bundesrat halten wird.»

Die Nächte waren unruhig, einige prügelten sich in der Dunkelheit verbissen, wütend und ohne Grund. Sie prahlten mit ihrem starken Vater, der schon einmal kommen würde...

Hausvater Fritschi tauchte immer nur für Stunden auf, meist am Abend während des Essens. Er passte noch immer auf, ob Ludi im Speisesaal sei. Erwischte er ihn, so warf er ihn hinaus. Er setzte sich an den Angestelltentisch, rief zum Gebet, und bat um den Segen nicht nur für das Essen, sondern für das ganze Heim.

Dann verteilte er die Striche, während Lüthi mit offenem Mund grinste. Später ging er mit der Hausmutter in die Wohnung hinauf. Spät in der Nacht fuhr er wieder ab.

Stallknecht und Pferdemeister waren nur an Neujahr in den Urlaub gekommen. Der Stallknecht mäkelte im Stall herum, prügelte Cuon wegen der schlechten Milchleistungen der Kühe und fuhr grollend wieder ab.

Der Pferdemeister hatte von seiner Einheit erzählt, hatte seine Leistungen im Militärdienst gerühmt und auch ein bisschen von den vielen Mädchen geflunkert, die die Soldaten haben könnten. Er fuhr wieder zu seiner Einheit zurück, die am Gotthard stationiert war.

Am Sonntag vor Palmsonntag rief Lüthi alle vor dem Schulhaus zusammen.

«Wir machen eine Wanderung auf den Pfannenstiel. Knickerbocker sind obligatorisch. In einer halben Stunde brechen wir auf. Wer hat Hausdienst?»

Ich meldete mich.

«Gut, Bernie, du bleibst hier.»

«Ich habe noch Schulaufgaben», sagte ich.

Lüthi grinste. «Das stimmt zwar nicht, aber du bleibst trotzdem hier.»

Ich war froh, dass ich nicht mit den andern gehen musste. Spaziergänge mochte ich gar nicht. Ich hasste die Leute, die uns unterwegs begegneten. Sie standen still und starrten uns an. Sie erkannten uns an den Knickerbockers.

Lärmig zog die Stiftlerbande mit Lüthi ab. Ich sah, wie sie beim Hof von Hürlimann in den Weg zum Wald abbogen. Ich stand auf dem Spielplatz und schaute ihnen nach. Ich hörte sie noch eine Weile rufen und einmal Lüthis Stimme, der sie zur Eile antrieb. Dann ging ich ins Spielzimmer, setzte mich an den grossen Tisch und las im «Grünen Heinrich», den ich von Sekundarlehrer Sollberger zum Schulschluss bekommen hatte.

Es war still. Man hörte die Mäuse im Holztäfer rascheln, manchmal krähte ein Hahn.

Schritte im Korridor schreckten mich auf. Ich klappte das Buch zu und ging hinaus. Bei der grossen Treppe stand ich still und horchte. Ich ging ins Spielzimmer zurück und versuchte zu lesen. Ich war unaufmerksam, und eben versorgte ich das Buch in meinem kleinen Schrank, als ich die Schritte wieder hörte.

Alle waren weg. Auch die Hausmutter war mit ihren Kindern an diesem Nachmittag verreist. Der fromme Lehrer hatte seinen freien Sonntag. Wer also war es? Ich setzte mich auf die unterste Treppenstufe.

In zwei Wochen würde ich entlassen werden. Ich hatte keine Ahnung, was dann mit mir geschehen würde. Niemand hatte darüber gesprochen. Vor einigen Wochen hatte Sollberger mich gefragt, ob ich Lust hätte, weiter in die Schule zu gehen. Ich lachte vor Freude.

«Ich werde deinem Vormund schreiben, dass du die Kantonsschule besuchen möchtest.» Er hatte dreimal geschrieben.

Ich stand auf und ging zur grossen Schulhaustür. Ich stiess sie mit dem Fuss auf und trat unter die Arkaden. Ich genoss es, allein zu sein.

Drüben im alten Haus ging die Tür auf. Eine Gestalt löste sich aus dem Dunkel des Korridors und trat auf den Platz.

Petra stand neben dem Brunnen. Sie trug einen blauen Jupe und einen roten Pullover. Ihre Beine waren nackt. «Was machst du denn hier, ich dachte, es seien alle weg?» fragte sie.

«Ich habe Hausdienst», stotterte ich.

«Hausdienst?» fragte sie. «Was macht man denn da?»

«Aufpassen», sagte ich.

«Das muss sehr streng sein», spottete sie. «Du darfst wohl nicht spazieren gehen?»

«Nein», sagte ich. «Ich muss hier bleiben.»

Da kam sie zu mir herüber und sagte: «Bernie, möchtest du einmal sehen, wie die Stiftung früher ausgesehen hat? Ich meine auf Fotos?»

Ich wartete ab.

Sie fuhr rasch fort: «Ich habe ein paar alte Alben gefunden. Wenn du willst, zeige ich sie dir.»

Ich wäre gern mitgegangen, aber ich fürchtete, dass jemand kommen könnte.

«Komm doch», sagte sie und griff nach meiner Hand. Sie liess meine Hand nicht los und eilte voraus. Vor der Bürotür blieb sie stehen.

«Komm.»

«Nein! Ich möchte da lieber nicht hineingehen. Es ist sicher nicht gut, wenn ich in Fritschis Wohnung gehe, wenn er nicht da ist.»

«Ach was», sagte sie, «der ist weit weg, und die andern auch.»

«Werden Sie's auch niemandem sagen?»

Die Stube war gut aufgeräumt. In einer Ecke stand die alte Zimmerorgel, die ich schon oft von weitem gehört hatte. Mitten in der Stube stand ein schwerer, runder Tisch und darum sechs Stabellen.

Petra setzte sich an den Tisch und schlug ein dickes, in Leder gebundenes Album auf.

«Komm, sieh dir das einmal an», sagte sie. «Das war noch zur Zeit, als der grosse Keller das Heim geleitet hat. Sieh dir die Buben an, wie sie komisch gekleidet waren.»

Ich sah neugierig in das Album. Ich spürte kaum, wie sie näher rückte. Plötzlich berührte sie mein Knie.

«Bernie», sagte sie, «hast du Angst vor mir?»

«Ich? Warum sollte ich Angst vor dir haben?»

«Warum bist du eigentlich in der Stiftung?»

«Ich werde bald entlassen, in zwei Wochen vielleicht schon», wich ich aus.

«Ich möchte wissen, warum du hier bist.»

«Mein Vormund hat mich hergebracht.»

«Warum?» «Ich muss jetzt gehen.»

«Ich will gar nicht wissen, warum du hier bist», sagte sie plötzlich. «Möchtest du einen Sirup? Ich hole dir einen.»

Sie ging flink aus dem Zimmer und kam bald mit einem Glas zurück.

«Möchtest du einmal mein Zimmer sehen?» fragte sie nach einer Weile.

«Ich darf nicht in das Zimmer einer Gehilfin. Das ist verboten.»

«Ich bin keine Gehilfin», sagte sie. «Ich bin nur das Kindermädchen.»

Ich stand auf. Moor, dachte ich. Das Blaue Zimmer, die Schläge. Sie kam ganz nahe an mich heran und legte mir beide Arme um den Hals. Sie drückte sich an mich; ich schwitzte und war nicht einmal mehr überrascht, als sie mich auf den Mund küsste. Sie küsste mich immer wilder und keuchte: «Komm doch mit.»

Ich stieg hinter ihr das dunkle Treppenhaus hinauf und starrte auf ihre nackten Beine. Sie zog die Tür hinter mir zu.

Ein Bett, ein Tisch und ein Stuhl, daneben eine Waschkommode. Sie nahm mich bei der Hand und führte mich zum Bett.

«Komm, setz dich da hin, ich habe nur einen Stuhl.»

Sie zog mich aufs Bett. Sie legte eine Hand auf mein Knie und begann es zu streicheln.

«Hast du schon einmal mit einem Mädchen ...?»

Sie streichelte mich weiter, und plötzlich küsste sie mich wieder. Sie öffnete den Mund. Ich strich ihr über die Brüste und küsste sie wieder und wieder. Sie legte sich aufs Bett zurück, nahm meine Hand und führte sie unter den Pullover. Ich starrte unentwegt in ihre Augen. Als sie meine Hose öffnete, glaubte ich zu zerspringen. Sie zog ihre Höschen aus.

«Komm, komm.»

Ich legte mich auf sie. Sie wand sich unter mir.

Sie war wie von Sinnen. Ich schaute sie immer wieder an und stammelte Unsinn.

«Ich hab' dich gern, ich hab' dich gern», flüsterte sie.

Die Sonne hatte sich verändert. Es war dunkler geworden im Zimmer. Ich erschrak und zog mich rasch an.

«Ich muss hinunter, die andern werden bald da sein.»

Sie lag nackt auf dem Bett.

«Gefalle ich dir?»

«Wenn das herauskommt?»

«Ich werde nichts sagen, wenn du mir versprichst, dass du wieder kommst.»

«Aber wir dürfen das doch nicht.»

«Nein, das dürfen wir nicht, und wenn du nur ein Wort sagst, dann geht es dir wie dem Moor.»

«Ich sage nichts.»

«Wirst du wieder kommen?»

«Ich weiss nicht...» Ich ging zur Tür.

«Versprich es!»

Die Angst war so gross, dass ich stotterte. Ich dachte an Moor.

«Gut», sagte sie, «dann werde ich auch nichts sagen. Geh jetzt, die andern kommen gleich.»

Ich schlich vorsichtig die Treppe hinunter, rannte durch den dunklen Flur hinaus auf den Schulhausplatz. Dunst hatte den Himmel überzogen; daher die Dunkelheit in Petras Zimmer.

Es war kein Mensch zu hören oder zu sehen. Ich ging in den Waschraum hinauf. Aber die Angst konnte ich nicht abwaschen. Ich ging ins Spielzimmer und nahm mein Buch wieder aus dem Kasten. Ich starrte in das Buch, ohne es zu lesen. Ich sah immer wieder Petra vor mir, nackt auf dem Bett. Auch Moors Gesicht tauchte auf, so wie ich es das letzte Mal gesehen hatte, am Fenster des Blauen Zimmers, verzerrt und blutig.

Ich zitterte, als die andern kamen, und als Lüthi mich fragte, ob alles in Ordnung sei, da hätte ich fast laut geschrien. Er sah mich einen Augenblick an: «Du solltest nicht so viel lesen, das ist nicht gut für die Nerven.» Er klopfte mir auf die Schulter und sagte: «Falls du etwas angestellt hast, werden wir schon dahinter kommen.»

Petra holte mich noch ein paar Mal in ihr Zimmer. Sie drohte mir mit Moor, wenn ich nicht mit ihr gehen wollte. Das letzte Mal, als ich bei ihr war, sagte sie, bevor ich aus dem Zimmer schlich: «Hast du gesehen? Die Alte ist wieder schwanger. Jetzt kommt der Hausvater fast jede Nacht zu mir. Der treibt's ganz schön bunt; dabei ist er nicht der einzige. Der Lehrer

Arthur Honegger mit fünf Jahren beim Spiel am Dorfbrunnen in Tann-Rüti

Der Zehnjährige in der vierten Klasse bei Lehrer Auer in Tann. Damals wollte er Pfarrer werden. (Arthur Honegger ist der Dritte von links in der zweituntersten Reihe.)

Die Pflegefamilie Fischer mit Verwandten vor ihrem Haus in Tann-Rüti. Der kleine Arthur, Dritter von rechts, zwischen «Mama» und «Papa».

Das Haus in Tann-Rüti, wo Arthur Honegger bis zum 14. Lebensjahr seine Jugend verbrachte.

Honeggers Vormund, Huldreich Jucker, mit Gattin (2.v.r.) und seiner Schwägerin Rosa im Garten in Obertann

Das Pestalozziheim «für schwer erziehbare Kinder» in Schlieren, wo Honegger von Januar 1939 bis Frühjahr 1940 lebte.

Arthur Honegger (Zweiter von links) beim Indianerspiel im Pestalozziheim. Damals schrieb er seinen ersten Roman «Vom Cowboy zum Haciendero».

Honegger (rechts) mit einem anderen Zögling beim Holzspalten.

Szenen aus dem Dokumentarfilm «Turi» von Lotty Wohlwend

Pflegekind

Der kleine Turi (gespielt von Gabriel Hunziker) nachdenklich am Schlafzimmerfenster; mit Spielkameraden am Dorfbrunnen

Arbeitserziehungsanstalt

Turi (gespielt von Mauro Galati) wird administrativ für drei Jahre in die Arbeitserziehungsanstalt Uitikon a.A. versorgt. Harte Arbeit, keine psychologische Betreuung, keinen Lohn: 1095 verlorene Tage.

Turi bei der Arbeit im Pferdestall. Tiere waren drei lange Jahre seine einzige Freude in der Anstalt.
Die Zöglinge wurden von Zöglingen überwacht: Die Kerngruppe bestimmte das Leben in der Anstalt. Terror und Willkür bestimmten den Alltag.

Hartes Anstaltsleben

Lesen, schreiben, lesen

Turi (Mauro Galati) in einer Ecke im Holzlager. Lesen und schreiben während der Arbeitszeit waren strengstens verboten. Doch Turi konnte und wollte sich nicht daran halten. Zu sehr war lesen und schreiben für ihn ein Bedürfnis.

Freundschaften verbote

Turi bei einem Schwatz
mit anderen Zöglingen.
Ein Kerngruppenmitglie
greift sofort brutal ein.
Freundschaften wurden
von den leitenden Zögl
gen zerschlagen. Pause
gab es keine, dafür täg
lich elf Stunden harte
Arbeit.
Der «Lohn» für drei Ja
re Arbeit: 86 Franken.

Trotz einer schweren Blutvergiftung am Fuss und höllischen Schmerzen, wird Turi von Kerngruppenmitglied Hasler in die Zelle «Fata Morgana» gesperrt. Zehn Grad minus, kein Bett, nur ein Tisch und ein Stuhl. Turi schreit in Todesangst um sein Leben.

Der «Simulant»

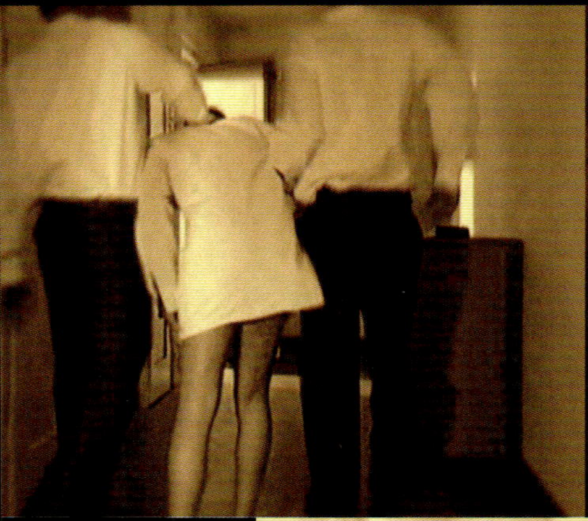

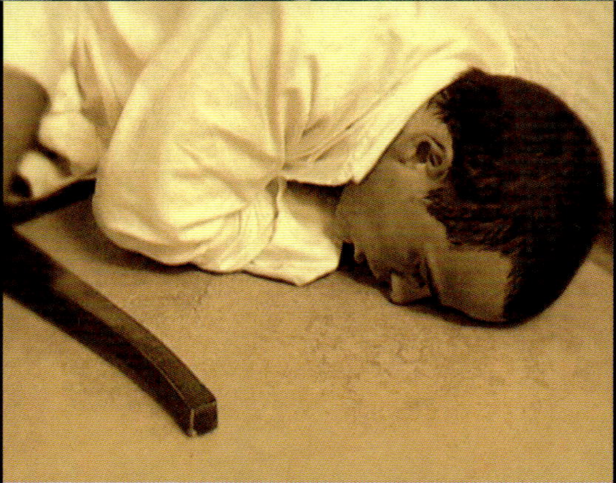

«Mörder! Mörder!»

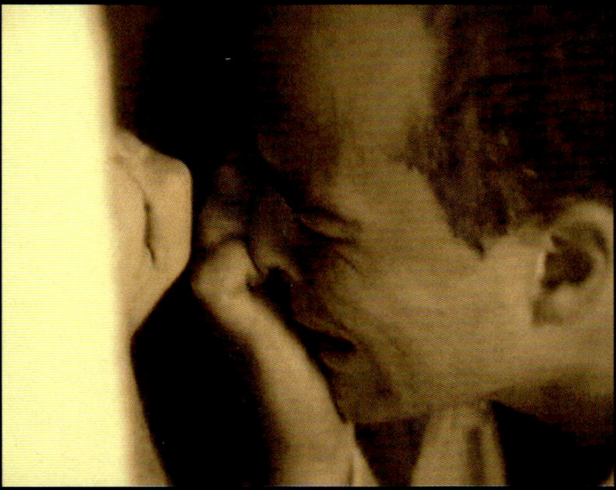

Eingesperrt. Allein. Das Guckloch geht auf: Hasler steht draussen. Turi schreit: «Mörder, Mörder!» Irgendwann bricht er bewusstlos zusammen. Am nächsten Morgen erhält er ärztliche Hilfe. Viel zu spät. Die dringend notwendige Spitaleinweisung wird vom Direktor abgelehnt!

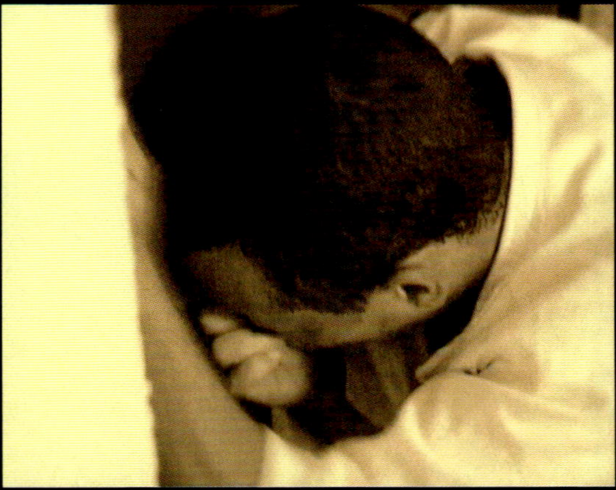

Der letzte Tag

31. August 1944: Turis letzter Anstaltstag. Kartoffeln graben ist angesagt. Dann schlägt Uitikons Kirche drei. Turi zählt mit und schleudert voller Freude den Korb in die Luft: «Fertig!» jauchzt er. «Ich bin frei!» Fast sechzig Jahre später: Turi Honegger (79) reisst auf dem Acker, wie damals, die Arme hoch.

Das Bauernhaus, in dem Honegger anderthalb Jahre als Verdingkind lebte

Alltag in der Anstalt Uitikon: auf dem Sammelplatz

Die weissen Hemden der Zöglinge gaben den Aufsehern eine gute Kontrollmöglichkeit. Arthur Honegger: Erster von rechts.

Arthur Honegger, 20 Jahre alt, Bauernknecht in der Tägernau bei Gossau ZH. Ein Ort, an den er sich lange mit Freude erinnern sollte.

Honegger (auf dem Bock) als Trainrekrut beim Ausmarsch in die Verlegung im Emmental.

Als Reporter bei «Blick»: Interview in Bern mit Dr. Hans Rudolf Kurz und EMD-Direktor Hauser zum Thema Mirages im Jahr 1964

Um 1970 mit Sohn Hansjörg beim Fischen am Greifensee

Im Gespräch mit der St. Galler SP-Regierungs-präsidentin Kathrin Hilber

Die nach fast 80 Jahren wiedergefundene Mutter:
Elsa Honegger am Genfersee mit Stiefschwester Margrit.
Fotografie aus den Vierzigerjahren

Arthur Honegger bei den Dreharbeiten zu Lotty Wohlwends
Dokumentarfilm «Turi» auf dem Geissberg bei Oberbüren.

Lüthi will mich immer, der Stallknecht hat's versucht. Der Lehrer ist noch der beste, kein Anfänger wie du, aber besser als gar nichts bist auch du.»

Ich ging hinaus und schloss die Tür. Da kam Tante Zurflüh, unsere Köchin.

«Was machst du da?»

«Ich wollte nur sehen, was es zu essen gibt.»

«Du brauchst deswegen nicht gleich in die Hosen zu machen», lachte sie, «aber in die Pfannen gucken lasse ich dich trotzdem nicht. Mach, dass du wegkommst!»

Petra wurde kurze Zeit später entlassen. Fritschi erklärte vor allen: «Ich musste das Luder zum Teufel jagen, sie wurde immer frecher, und die Zöglinge haben von ihr auch nicht das Beste gelernt.»

Das Knechtlein

«Pack deinen Koffer», sagte Fritschi, «du verlässt uns heute.»

Ich stand im kleinen Büro und starrte ihn wortlos an. Er hatte mich am Morgen, kurz nach der Arbeitsverteilung, rufen lassen. Ich war schon mit den andern unterwegs ins Täli, um Kartoffeln zu stecken, als Fuhrer rief: «Bernie, umkehren, du musst zum Fritschi!»

Angst stieg in mir auf, vielleicht hatte Petra geplaudert, aber dann dachte ich, dass vielleicht mein Vormund wegen meiner Entlassung angerufen habe.

«Wohin muss ich?» fragte ich schüchtern.

Fritschi wühlte in den Papieren auf dem Schreibtisch und sagte: «Ich sagte, du sollst deinen Koffer packen; frag nicht so saublöd.»

«Wohin?» fragte ich noch einmal.

«Das wirst du früh genug erfahren. Du brauchst deine Sonntagskleider nicht anzuziehen. Wir sind sofort dort.»

Ich ging hinaus. Im dunklen Flur blieb ich stehen.

Die Tür hinter mir wurde aufgerissen. Fritschi brüllte: «Die Knickerbocker bleiben hier, die gehören der Stiftung.»

Ich ging die Treppe hinunter und auf den Schulhausplatz. Die Stiftung. War sie nicht doch zu einem Zuhause geworden, hatte ich mich nicht an alles gewöhnt, angefangen, damit zu leben? Warum tat es doch ein wenig weh, jetzt weg zu müssen?

Ich sah die Scheune mit dem Ententeich davor, den Holzschopf mit dem angebauten Hühnerstall, den grossen Garten mit dem Bienenhaus. Auf den riesigen Kastanienbäumen blühten grosse, weisse Kerzen.

Ich ging über den Kopfsteinplatz zum Schulhaus, stieg die

Treppe hinauf, klopfte an die Schulzimmertür und ging hinein. Lüthi stand vor der Tafel und hielt eine Kreide in der Hand.

«Was willst du denn hier?» fragte er.

«Ich muss weg», sagte ich. «Ich möchte Ihnen adieu sagen.»

«Ach so, ja, daran habe ich gar nicht mehr gedacht. Weisst du schon, wohin es geht?»

«Nein, Herr Fritschi hat es mir nicht gesagt.»

«Nun ja», brummte er, «ich wollte nur sagen, pass auf dich auf, du wirst es nicht leicht haben.»

«Sie wissen, wo ich hingehe?»

«Herr Fritschi soll es dir selber sagen. Also alles Gute.»

Ich gab ihm die Hand. Er wandte sich den Schülern zu: «Aufstehen.» «Tschau, Bernie», riefen sie.

Ich nahm den Segeltuchkoffer aus dem Schrank und legte zuerst meine Bücher hinein. Dann die Hemden darauf und die Socken. In den andern Teil legte ich die Pullover und die warme Mütze. Die Gamaschen des weihnächtlichen Wohltäters legte ich zuoberst. Dann verschnürte ich alles und trug den Koffer vors Haus.

Fritschi erwartete mich.

«Mach den Koffer auf.»

Er legte alles aus.

Die Bücher, einige noch aus Bachtann, riss er aus dem Koffer und sagte: «Die bleiben hier.»

«Die gehören doch mir.»

«Da irrst du dich. Die Bücher gehören jetzt der Stiftungsbibliothek.»

«Aber den ‹Grünen Heinrich› habe ich von Herrn Sollberger bekommen. Es steht eine Widmung drin.»

«Nicht du hast ihn erhalten, sondern die Stiftung. Und dort, wo du jetzt hingehst, hast du keine Zeit zum Lesen.»

Er lachte.

Ich packte meine Habseligkeiten wieder ein, die Bücher lagen auf der Bank. Ich hatte keine Chance.

Das Bürofenster ging auf, und der Zopf der Hausmutter erschien. In ihrem bleichen Gesicht blinkten die Sommersprossen. Sie sah, seit sie schwanger war, nicht gut aus.

«Tschau», rief sie und schloss das Fenster wieder.

«Los, gehen wir», sagte Fritschi. Ich nahm den Segeltuchkoffer und ging neben ihm her.

Lüthi hatte eben Schulschluss gemacht, und mit viel Geschrei rannten die Buben zum Turnplatz.

Warum musste ich weg und wohin?

«Wir geben dir eine Chance», begann Fritschi, während wir den schmalen Weg ins Täli hinunterstiegen. «Du wirst ein Jahr da sein, wo ich dich jetzt hinbringe. Tu deine Pflicht, sei fleissig und gehorsam. Vielleicht wirst du dich bessern. Du brauchst eine starke Hand, das ist der Wunsch deines Vormundes. Er schrieb mir, dass er jetzt endlich einmal Ruhe haben wolle. Er sei alt und die Aufregungen seien schädlich für ihn. Du seist jetzt lange genug in einem Heim gewesen. Jetzt müsse man dir ein kleines Mass an Freiheit geben. Der Beste warst du in der Stiftung nicht. Nun, nach einem Jahr werden wir weiter sehen.» Er schwieg. Wir hatten die Bahnunterführung erreicht und passierten sie wortlos.

«Bleib stehen», sagte er und wies auf den Hof, der rechts an der Limmat lag.

«Da wirst du arbeiten», sagte er.

Zu Speich! Entsetzen packte mich. Das war doch nicht möglich.

«Nein», sagte ich und weinte.

«Hör auf zu heulen! Herr Speich ist ein rechtschaffener Mann. Es haben schon früher Stiftler bei ihm gearbeitet. Er versteht es, mit solchen Jungen umzugehen. Und dann bist du alt genug, um für dich selbst zu sorgen. Die Gemeinde hat jahrelang gezahlt für dich.»

Bei der Wegbiegung zum Hof blieben wir stehen.

«Ich verlange von dir, dass du dich gut hältst. Ich will keine Klagen hören, verstanden? Dein Vormund hat mich zu deinem Beistand ernannt. Ich muss auf dich aufpassen. Herr Speich muss alles melden. Sorg dafür, dass er nichts zu melden hat.»

Die Tür des Bauernhauses ging auf, und der Bauer, der von jetzt an mein Meister war, kam heraus. Hinter dem Haus leuchtete die rotbraune Scheune mit dem neuen Ziegeldach.

Der grosse Mann trat unter die Linde vor dem Haus und hielt die Hand über die Augen.

«Guten Tag», rief er, «da kommt ja mein neues Knechtlein. Kommt herein.»

«Grüss Gott», rief Fritschi. «Ja, ich denke, Sie sind über die Hilfe froh.»

Er bot mir die Hand, ich ergriff sie. Er drückte so fest zu, dass ich aufschrie.

«Angst?» fragte er.

Ich schwieg.

«Du brauchst keine Angst zu haben, ich fresse dich nicht. Geh in die Küche, die Meisterin wird dir ein Überkleid geben. Das werden wir dann von deinem ersten Zahltag abziehen. Du bekommst im Monat zwanzig Franken. Aber nur, wenn du fleissig bist, wenn das Pferd sauber gestriegelt und der Stall in Ordnung ist. Geh und bring deinen Koffer ins Knechtenzimmer. Dann ab in den Stall, es ist bald Futterzeit.»

«Ja», sagte ich und verabschiedete mich von Fritschi. Ich ging zur Haustür und öffnete sie. Sie führte direkt in die Küche. Frau Speich stand am Holzherd. Sie sah auf, begrüsste mich nicht, und sagte mit einem Seufzer: «Ah ja, da bist du ja. Jetzt haben wir schon wieder so einen. Nimm das Überkleid dort auf dem Stuhl, geh hinauf, zieh dich um und versorg deine Sachen im Schrank.»

Ich ging die Treppe hinauf und fand mich trotz der Dunkelheit schnell zurecht. Ich fand das Knechtenzimmer oben unter dem Giebel, stiess die Tür auf und sah den breiten

Schrank und die beiden Betten. Das eine sah benützt aus. Ich zog das Überkleid an und legte den Segeltuchkoffer aufs Bett. Dabei fiel mein Blick auf ein kleines Bild, das über meinem Bett hing. Jesus mit Wanderstab und Lamm um die Schultern war darauf. Darunter stand in kleiner Goldschrift: «Der Herr ist mein Hirte, mir wird nichts mangeln.»

Ich setzte mich auf den Stuhl.

Warum musste ich bei diesem Bauern arbeiten? Warum durfte ich nicht eine Lehre machen wie alle andern?

«Komm herunter», rief der Bauer.

«Ja, ich komme», rief ich zurück und stieg das dunkle Treppenhaus hinunter.

«Die Kühe warten nicht gern», schnauzte er.

In der Küche sagte er: «Bleib noch, ich muss dir etwas zeigen.»

Er wies unter die Treppe. «Da ist dein Platz, da wirst du essen.»

Ich sah unter die Treppe. Er hatte ein breites Brett an eine Stufe geschraubt und eine Kiste davor gestellt. Es sah aus wie ein Tischchen. Ich schaute zum langen Küchentisch hinüber und sah ihn fragend an. Ich hatte keinen Mut, auch nur ein Wort zu sagen. Er grinste. «Wir wollen keinen Anstältler am Tisch. Vielleicht kannst du dir einen Platz am Tisch verdienen. Aber darüber reden wir dann in einem Jahr wieder. Bis dann ist das dein Platz.»

Ich stand vor ihm und hatte Tränen in den Augen.

Speich griff über mich hinweg zur Wand und nahm einen braunen, biegsamen Stock, der an einer Schnur an einem Haken hing.

«Weisst du, was das ist?» fragte er. Ich erinnerte mich sofort. Ernsts Vater hatte einen gleichen Stock gehabt. Er hatte ihn immer mitgenommen, wenn es Streit gegeben hatte.

«Ein Hagenschwanz», sagte ich.

«Weisst du auch, wozu man einen Hagenschwanz braucht?»

«Ja», sagte ich.

«Pass auf, dass du ihn nie zu spüren bekommst», sagte er. «Er hängt über deinem Platz. Ich brauche ihn nicht gern.»

Ein Hagenschwanz war aus einem getrockneten Stierschlauch gedreht und schmerzte unglaublich.

«Du hast schon einiges auf dem Kerbholz, habe ich gehört. Dein Vormund ist auch nicht zufrieden mit dir. Er sagte, du hättest eine starke Hand nötig. Hier gibt es nur Zucht und Ordnung. Und jetzt hau ab in den Stall.»

Ich rannte in die Scheune hinüber und traf den alten Knecht im Tenn. Er schob Grashaufen durch die Luken. Er drehte den Kopf zu mir, murmelte etwas und arbeitete weiter. Ich sah ihm eine Weile zu, bis er murrte: «Was stehst du herum? Geh in den Stall und miste aus.»

Ich kannte die Arbeit. Später fütterte ich das Pferd, brachte Wasser und schüttete den Hafer in die Krippe. Der Meister liess sich erst beim Melken blicken. Er musterte den Stallgang und sagte barsch: «Nachtessen.»

Ich setzte mich unter die Treppe und schaute zum Tisch hinüber. Der Meister sass oben am Tisch, auf der Fensterbank die beiden Kinder, ein Mädchen und ein Bub, auf der andern Seite der alte Knecht. Die Meisterin goss dampfenden Kaffee ein, schöpfte Rösti und gab jedem ein Stück Speck. Ich wartete.

Sie ging zum Herd, holte einen Teller und stellte ihn vor mich hin. Ich roch daran, es war Hafergrütze. Sie legte ein Stück Brot daneben und sagte: «Da, iss.»

«Schmeckt's?» fragte der Meister eine Weile später und sah zu mir herüber.

Die Hafergrütze war weder gesalzen noch gezuckert.

«Recht so, Hafersuppe macht stark», sagte er, ohne meine Antwort abzuwarten. «Wir werden dich ein bisschen auffüttern, damit du stark genug bist, wenn der Heuet losgeht.»

Später schickte er mich nochmals in den Stall, um die Streu aufzuschütten, dem Pferd die Bollen wegzunehmen, ihm nochmals Wasser zu geben und das Tenn sauber zu wischen. Dann musste ich ins Bett.

«Tagwache ist um halb fünf, im Sommer dann um vier», sagte er. Niemand sagte gute Nacht.

Ich hörte ihn nie kommen. Ich schlief tief und fest, wenn er in die Kammer kam. Er schlug mit der Faust auf die Bettstatt, dass sie in allen Fugen krachte. Dann polterte er mit seinen nackten Füssen heran und packte mich am Genick. «Aufstehen, fauler Sack! Du wirst es noch lernen, dass ein guter Bauer mit den Hühnern aufsteht.»

Ich schlüpfte rasch in die Überhosen und stopfte das Hemd, das ich Tag und Nacht tragen musste, hinein.

In der Küche zog ich die Holzschuhe an. Sie standen in der Kiste, auf der ich beim Essen sass. Ich hatte nur diese Holzschuhe, ich trug sie im Sommer ohne Socken, im Winter wickelte ich Melk-Lappen um die Füsse, damit ich nicht fror. Meine Füsse waren geschwollen und entzündet. Die Haut fühlte sich wie Leder an.

Das Heugras stand in diesem Jahr schon früh hoch und blühte. Ich arbeitete Tag für Tag wie ein Besessener, und ich ass gierig meine Hafersuppe unter der Treppe. Ich sah von meinem Platz aus zu, wie die Familie und der alte Knecht am langen Küchentisch Rösti zum Frühstück assen, ich hörte, wie sie Kaffee schlürften, ich sah am Mittag Speck, Bohnen und Salzkartoffeln, am Sonntag Braten. Ich sass immer vor meiner Blechschüssel, die sauber ausgeleckt vor mir stand.

Ich hatte Hunger, aber ich hätte stehlen müssen.

Jeden Mittwoch ging ich in den Konfirmandenunterricht. Ich sah alte Schulkameraden, ich versuchte, sie nach dem Unterricht zu treffen. Aber sie wichen mir aus. Der Pfarrer passte auf, dass ich nach dem Unterricht sofort nach Hause ging. Jeden Mittwoch hielt ich Ausschau nach Elsbeth, aber sie war nicht in der gleichen Klasse.

Der Pfarrer beachtete mich nie. Während des Unterrichts stellte er mir keine einzige Frage. Nur nach dem Unterricht sagte er immer: «Geh sofort nach Hause. Lungere nicht im Dorf herum.»

Der Meister sass meist noch in der Küche und las Zeitung. Er schaute über die Brille hinweg, wenn ich hereinkam. «Was hat der Pfarrer erzählt?»

Ich berichtete, was der Pfarrer gesagt hatte.

Als ich ihm einmal sagte, dass der Dorfarzt in den Unterricht kommen würde, um uns aufzuklären, grinste er und sagte: «Soviel ich weiss, weisst du besser Bescheid, wenn es ums Vögeln geht, als der Doktor.» Er lachte über seinen Witz und sagte: «Du wirst diese Stunde auslassen, ich will mich nicht schämen müssen wegen dir.»

Ich ging ins Bett.

Die ersten schweren Hagelkörner fielen wie Wurfgeschosse herunter. Ich rannte zu den Kälbern, die schon ängstlich der Scheune zu galoppierten. Ich trieb sie in den Stall und schloss rasch die halbe Tür, dann schaute ich wieder hinaus. Eiergrosse Hagelschlossen fielen krachend gegen die Scheunenwand. Sie barsten, und die Eissplitter sprühten von der braunroten Wand. Der Hagel fiel dichter, er knallte und prasselte, es platschte in den Bäumen. Der Wind heulte, Äste krachten herab. Ein unsichtbares Ungeheuer ging durch den Baumgarten und schlug mit riesigen Armen auf die Bäume ein, zerfetzte sie und zerstampfte das Gras. Auf dem Dach zersprangen die Ziegel.

Ebenso schnell, wie es gekommen war, hörte das Unwetter auf. Der Wind fiel in sich zusammen, der Regen rauschte friedlich, und alles war wie ein böser Traum.

Ich hörte Schritte hinter mir. Der Meister ging durch den Stall ins Tenn. Ich ging ihm nach und sah zu, wie er das grosse Tor öffnete und in den verwüsteten Obstgarten starrte.

«Dieser gottverdammte Hagel! Alles futsch, alles umsonst. Es wird keinen einzigen Apfel geben, nicht einen.» Er ballte die Fäuste.

Ich wusste, dass Hagelwetter nur einen schmalen Streifen heimsuchten. Manchmal waren es nur ganz wenige hundert Meter. Was ausserhalb war, blieb unversehrt.

«Vielleicht hat es nicht den ganzen Baumgarten getroffen», sagte ich.

Er drehte sich langsam zu mir um.

«Sieh einer das Knechtlein an, wie gescheit das sein will.»

Ich ging ein paar Schritte rückwärts.

«Ich meine nur», stammelte ich.

«Einen Scheissdreck hast du zu meinen! Was weisst denn du von Gewittern?»

Er kam auf mich zu. Ich wich zurück in die Scheune.

«Bleib stehen», sagte er. Ich zitterte.

«Du verfluchter Stiftler. So etwas muss ich auch noch ernähren!» Er packte mich am Arm und drehte ihn auf den Rücken, bis ich schrie. Ich liess mich fallen und lag reglos auf dem Tennboden. Der Wand entlang war eine lange Krippe für Militärpferde montiert. Darunter lag ein dickes Weidenbündel. Er bückte sich und zog eine lange Weide heraus, schwang sie ein paar Mal, liess sie in die linke Hand klatschen.

«Das lass ich mir nicht gefallen! Mich auslachen, mich... so ein Stiftler, so ein dreckiger!»

Er schlug zu.

«Aufhören, aufhören», hörte ich weit weg die Stimme des alten Knechts. Ich versuchte mich umzudrehen, aber Speich trat mich in die Rippen. Dann drehte er sich um. Ich sah die grossen, schweren Schuhe neben mir. Mein Rücken brannte.

«Was willst du hier, du verdammter alter Idiot?» schrie Speich.

«Hören Sie auf, hören Sie auf, Sie prügeln den Kerl tot.»

«Scher dich zum Teufel. Wer kümmert sich schon darum. Der ist nicht einmal das Fressen wert!»

«Wenn da etwas geschieht, haben Sie die Polizei auf dem Hals.»

«Polizei, Polizei. Das würde ich dir nicht raten. Die Polizei zu holen, du spinnst wohl!»

Speich schwang noch immer die Weidenrute.

«Und dann sind da noch die Nachbarn», sagte der Knecht.

«Die Nachbarn?» Speich ging langsam auf den alten Knecht zu. «So ist das also, die Herrschaften in der Nachbarschaft, wer erzählt denn denen etwas? Vielleicht du?»

Er trat den Alten in den Bauch. Der stürzte auf den harten Tennboden.

«Steh auf, du bist genau derselbe wie der da. Man sollte alle erschlagen. Da haben's die Deutschen leicht, denen redet niemand drein.»

Der Knecht hielt sich den Bauch und ging seitlich gebückt. Der Bauer ging zum Tenntor.

Ich versuchte aufzustehen. Mein Rücken schmerzte. Ich tastete einmal mit der linken Hand nach hinten. Meine Finger waren klebrig vom Blut.

«Was hast du wieder angestellt?» sagte die Bäuerin vorwurfsvoll zu mir, als sie sich mit einem Kessel Wasser neben mir niederliess und meinen Rücken anschaute. Sie drehte mich auf den Bauch: «Was hat man doch Sorgen mit diesen Stiftlern!»

Sie riss ein weisses Tuch in Streifen. Sie strich Salbe auf meinen Rücken. Dann legte sie das Tuch darauf und klammerte es über dem Bauch mit Schliessnadeln zusammen.

Ich stöhnte leise.

«So schlimm ist das auch wieder nicht», sagte sie. «Halt doch still, du Hasenfuss.»

Sie stand langsam auf und nahm den Wasserkessel.

«So, das wird schon wieder verheilen. In ein paar Tagen ist alles wieder gut, du musst es nur glauben. Soll er ins Bett?» fragte sie, zu meinem Meister gewandt.

«Ins Bett? Das fehlte noch! Darauf wartet doch dieses Gesindel immer: ausschlafen zu können, während die andern hart arbeiten. Da kann er ausschlafen», rief er und machte eine der eisenbeschlagenen Türen zur vordersten Schweinebucht auf.

«Wenn du wieder gesund bist, kannst du hier wieder heraus», sagte er.

Am vierten Tag, als der Meister neben mir die Schweine fütterte, sagte ich: «Ich habe Hunger.»

«Was sagst du?»

«Ich habe Hunger.»

«Hunger? Ohne gearbeitet zu haben, hast du Hunger? Vier Tage hast du ausgeschlafen, und nun hast du Hunger! Womit hast du denn dein Essen verdient?»

«Ich habe Hunger.»

«Im Schweinestall wird kein Essen serviert.»

Ich sagte nichts.

«Da», sagte er plötzlich und warf mir ein paar Äpfel in die Bucht. Er hatte sie aus dem Schweinefutter genommen. «Wenn du wirklich Hunger hast, dann friss diese Äpfel.»

Nebenan frassen die Tiere gierig und schmatzend, sie soffen quietschend und saugend, ihr Atem ging heftig, und sie scharrten in ihrer Fressgier mit den Füssen in den Trögen. «Guten Appetit», sagte er und ging hinaus.

Die Heuernte war eine Qual.

Mein Hintern war voller Stiche. Der Bauer trieb mich beim Heuwenden an, er knurrte: «Schneller, du fauler Sack, schneller.» Ich versuchte es. Gelang mir das nicht, stiess er mich mit seiner Heugabel in den Hintern. Ich hatte mir abgewöhnt, dabei zusammenzuzucken.

Kurz vor dem Heuet hatte er mir ein Paar neue Holzschuhe gekauft. Sie drückten meine Füsse, die wieder rot anschwollen. Ich wusch sie jeden Abend, aber es half nichts. Meine Wäsche stank. Sie war nicht ein einziges Mal mit heissem Wasser gewaschen worden. Die Meisterin stellte mir einen Kessel hinter die Scheune, darin weichte ich Hemden und Überkleider ein. Hinter der Scheune beim Hühnerstall hängte ich sie über einen Draht.

Mein Rücken war verheilt; aber wenn ich den Schlepprechen zog, dann rissen die Schmerzen an den Muskeln. Den Konfirmandenunterricht hatte ich seit jenem Unwetter nicht mehr besucht. Der Bauer hatte den Pfarrer angerufen und ihm gesagt, ich hätte einen ansteckenden Ausschlag. Er hoffe, dass bis zum Herbst alles wieder verheilt sei.

Der Herbst brachte Erleichterung. Ich ass heruntergefallene Äpfel. Manchmal schlich ich nach der Futterzeit in den Baumgarten und ass vor dem Zubettgehen noch zwei, drei Äpfel.

Im Winter arbeiteten wir Tag für Tag im Wald. Wir fällten Bäume, asteten sie aus, schleppten die Äste zusammen, und mit der grossen Waldsäge schnitten wir die Stämme zu Klafterholz. Die Arbeit war schwer, besonders wenn ich mit Pferd und Stier Holz schleppen musste. Die Tiere zogen heftig an, galoppierten davon. Ich konnte ihnen nicht folgen, stolperte über Wurzeln und platschte in den Schneematsch. Speich fand immer etwas, einen Ast oder einen Prügel, um mich wieder auf die Beine zu bringen. Hatte er gute Laune, dann gab er mir scharfen Trester, der wie Feuer durch meine Kehle gurgelte.

«Das stellt dich wieder auf», sagte er. «Aber jetzt weiter, da wird nicht leichtsinnig gesoffen.»

Weihnachten; der Meister schickte mich sofort nach dem Essen unter der Treppe ins Bett. Ich blieb einen Augenblick in der Küche stehen. Ich hatte den geschmückten Baum in der Stube einen kurzen Augenblick gesehen, die bunten Kerzen, die glitzernden Kugeln, die roten Äpfel und das «Engelhaar». Die Freude war nur kurz, aber einen Hoffnungsschimmer hatte ich doch…

Ich ging zur Treppe, es duftete nach frisch gebackenem Weihnachtskuchen, es duftete nach Schinken, nach Tannenholz, nach Heiligem Abend. Ich stieg langsam hinauf, der alte Knecht kam in seinen Sonntagshosen mit frischem Hemd und alter Krawatte herunter. Er ging an mir vorbei, er sagte nichts. In der Kammer setzte ich mich aufs Bett. Ich dachte an Bachtann, an den Weihnachtsbaum, an die Socken, die neuen Sportschuhe, die mir die Hotzsche Stiftung geschenkt hätte, an den warmen Pullover vom kirchlichen Hülfsverein und an die Nachbarn, die später noch gekommen wären.

Die Kinder jubelten unten, als sie ihre Geschenke auspackten, ich hörte sogar den alten Knecht, wie er meckernd lachte und sich beim Meister bedankte.

Ich lag auf dem Bett und hatte nichts.

Wir gingen im Januar und im Februar jeden Tag ins Gemeindewerk in den Wald. Als der Frühling kam, wurde es Zeit für meine Konfirmation.

Ein Jahr war ich schon bei dem Bauern. Ich hielt mich, arbeitete, und erst nach der Konfirmation dachte ich zum ersten Mal an Flucht.

Alle Konfirmanden hatten neue Kleider getragen, lange Hosen, schwarze Jacken, schwarze Krawatten, neue Schuhe und weisse Hemden. Die Mädchen schwarze Röcke und schwarze Strümpfe. Ich hatte früh am Morgen nach der Stallarbeit meine kurzen braunen Hosen aus der Stiftung angezogen, dazu das blaue Hemd mit den roten Tüpfelchen und darüber eine grüne, gestrickte Jacke.

«Gut siehst du aus, die andern Konfirmanden werden Augen machen», sagte der Meister.

Ich zog die Holzschuhe an, die ich mit brauner Schuhwichse eingeschmiert und auf Glanz poliert hatte, und machte mich auf den Weg.

Der Pfarrer hatte mir am letzten Unterrichtstag eingeschärft, leise zu gehen. Das Klappern der Holzschuhe auf den Steinfliessen würde den Gottesdienst und die feierliche Stimmung stören.

«Und stell dich ganz nach hinten, dann musst du dich nicht schämen in deinen kurzen Hosen.»

Als er meinen Namen aufrief, um mir den Konfirmandenspruch zu geben, reckten einige Leute die Hälse. Ich ging nicht nach vorn, der Pfarrer brachte mir den Spruch, drückte mir aber nicht die Hand wie allen andern. Er reichte mir das grosse Kuvert über die Köpfe der andern hinweg.

Ich ging allein nach Hause, stieg in mein Zimmer hinauf, zog die «Sonntagskleider» aus und warf den Spruch aufs Bett. Beim Mittagessen sass ich unter der Treppe.

«Wie war es in der Kirche?» rief der Meister.

«Schön», sagte ich.

«Du kannst nach dem Essen die Kühe hinauslassen und hüten.»

Ich ging hinaus.

Im strömenden Regen dachte ich wieder an Flucht.

Ich lehnte am Zaun, das Wasser troff von meinem Jutesack, den ich über den Kopf gestülpt hatte.

Nicht einmal zu meiner Konfirmation hatte ich etwas von meinem Vormund gehört. Kein Wort aus Bachtann.

Ich lebte dahin; die Nachbarn hatten sich an meine Schreie gewöhnt. Ich schlief schlecht. Manchmal fiel ich während der Arbeit um, erwachte aber bald wieder unter dem Hagenschwanz. Ich ass rohe Kartoffeln im Keller, Löwenzahnblätter und trank kaltes Wasser.

Flucht. Ich musste es versuchen. Niemand sprach mehr mit mir, selbst der alte Knecht nicht.

Zu Papa nach Bachtann. Nur einen Tag oder vielleicht zwei Tage, oder so lange er mich bei sich behalten würde. Aber wie? Ich hatte keinen Rappen. Vom versprochenen Lohn hatte ich nur hin und wieder ein Zwanzigrappenstück gesehen, wenn ich während des Konfirmandenunterrichts in die Kirche musste. Für den Opferstock.

«Die Schwaben haben Russland angegriffen», schrie der alte Knecht an einem schönen Sonntagmorgen. Wir standen bei der Scheune. Der Bauer hatte die grosse Ladegabel bereit, ein paar Nachbarn waren zu Hilfe gekommen: Die Heuernte war in vollem Gange.

«Das glaubst du ja selber nicht», rief der Bauer.

«Doch, heute früh haben diese Drecknazis angegriffen.»

«Der wird sich die Zähne ausbeissen an Russland, dieser verdammte Hitler», meinte der Nachbar.

«Kann sein», sagte der Meister, «für uns ist der Heuet wichtiger.»

Einer der Nachbarn deutete auf mich und sagte: «Ist der aber mager, hat er zu wenig zu essen?»

«Eingeben kann man es ihm ja wohl nicht», sagte der Bauer, «der ist nicht nur zur Arbeit zu faul, sondern auch noch zum Essen.»

Wir arbeiteten den ganzen Tag. Nach dem dritten Fuder schickte mich der Bauer in den Stall.

Mein ganzer Körper schmerzte. Ich ging nach dem Essen in die Kammer. Ich hatte Angst vor der Nacht. Der Mond hing über dem Hügel. Grillen zirpten. Die Tür des alten Schranks stand halb offen. Eine Weste war zu sehen. Aus einem der kleinen Seitentäschchen ragte ein blaues Papier. Da fuhr ich auf und ging zum Schrank. Es war eine Zwanzigernote. Ich zog sie heraus. Es war noch eine Hunderternote darin.

Ich steckte den Hunderter zurück und ging mit der Zwanzigernote zu meinem Bett. Ich versteckte sie unter der Matratze. Ich hatte Angst. Ich fror, schlüpfte rasch ins Bett. Das Geld schien wie Feuer unter meinem Kopf zu brennen.

Ich dachte nach, wie ich am besten von hier wegkäme. Zwei Tage! Ich hatte keine Möglichkeit auszureissen. Ich hatte den ganzen Dienstag Jauche verschlaucht, war am Abend mit dem Meister bei einer Kalberkuh gewesen.

Der alte Knecht wartete angezogen neben seinem Bett.

«Ich muss ein Hühnchen mit dir rupfen», sagte er, «hast du mir …»

«Ja, ich hab' sie genommen, ich will weg, ich halte es nicht mehr aus hier.»

«Gib sie her, du Dreckskerl!»

Ich holte die Note unter der Matratze hervor.

«Los, geh runter, der Meister wartet.» Er lachte meckernd. «Los, geh runter.»

Drei Wochen später rief mich der Meister zum Tisch in der Küche. Ich hatte die Stallarbeit hinter mir und wollte Holz spalten.

«Komm her», sagte er unfreundlich. «Heute kannst du zum Znüni ausnahmsweise mit uns essen. Setz dich an den Tisch.»

Ich war vorsichtig und legte die Hände in den Schoss.

«Los, iss.»

Als ich die dritte dünne Scheibe Speck nehmen wollte, schlug er mir auf die Finger.

«So war das nicht gemeint.»

Dann kam mein Vormund.

Zangger begrüsste mich nicht. Er trat ganz nahe an mich heran und sagte: «Du Hundsfott. Du wirst im Zuchthaus enden.»

Er ging mit dem Bauern in die Stube. Zum Mittagessen sass ich wieder unter der Treppe. Den ganzen Nachmittag wartete ich hinter der Scheune darauf, gerufen zu werden. Ich spaltete Holz und schaute immer wieder hinüber. Kurz vor der Futterzeit sah ich meinen Vormund den schmalen Weg hinuntergehen. Ich warf die Axt auf den Scheiterhaufen und rannte ihm nach.

«Herr Zangger», sagte ich, «ich möchte mit Ihnen reden.»

«Reden», sagte er. «Mit dir redet kein Mensch mehr. Was du getan hast, ist gemein. Geld zu nehmen!»

«Herr Zangger», stammelte ich.

Er wich ein paar Schritte zurück und sagte: «Geh an deine Arbeit. Du wirst deine Strafe erhalten. Dein Meister weiss schon, wie er mit dir fertig wird.»

Mein Meister stand unter der Linde. Er hatte den Hagenschwanz in der Hand.

«Komm, Bürschchen», rief er.

Bundesfeier

Schon am frühen Morgen hatte er sich ein Erstaugustabzeichen an die Hemdbrust geheftet.

«Der Herrgott meint's gut mit uns Eidgenossen, der Tag wird schön», sagte Speich. Dann ging er ins Haus, um sich umzuziehen.

«Ich bin am Mittag zurück, die Sitzung wird etwa bis elf dauern.» Speich war Kantonsrat und fuhr nach Zürich, wo das Parlament eine Sitzung zu Ehren dieses besonderen Tages abhielt.

«Der Meister hat heute einen strengen Tag», sagte die Bäuerin, «am Morgen die Festsitzung, am Nachmittag kommt die Armenpflege aus dem Weinland, da muss er denen das Pestalozziheim zeigen, und am Abend hält er die Erstaugustansprache auf dem Berg.»

Ich ging in die Scheune und liess die Kälber heraus. Mir hatte der Bauer für heute keine Arbeit gegeben. Aber der Alte schickte mich zur grossen Weide: «Flick die Zäune bis zum Mittag. Nachher holen wir das Emd beim Gaswerk.»

«Weisst du, was heute für ein Tag ist?» hatte mich der Meister am Morgen gefragt, als ich unter der Treppe beim Hafermus sass.

«Der erste August.»

«Und was ist dieses Jahr Besonderes daran?»

Das wusste ich nicht.

«Die Eidgenossenschaft wird 650 Jahre alt! Dass man so etwas nicht einmal weiss, dabei bist du doch drei Jahre in die Sekundarschule gegangen!»

Ich löffelte schweigend den Haferbrei. Nach einer Weile sagte er: «Du kommst heute abend zur Bundesfeier! Die

Bäuerin gibt dir zwei Franken, damit kannst du etwas trinken und eine Wurst essen.»

«Danke», sagte ich und ging in den Stall.

Den ganzen Abend während des Melkens murmelte er vor sich hin. Ich hörte ihn von Altvorderen, von der Armee, von Hosenscheissern und Landesverrätern, von Einigkeit und Freiheit knurren, bis er schliesslich aus der Scheune ging.

Er drehte sich bei der alten Trotte noch einmal um und rief: «Verpass die Feier nicht.»

Die Bäuerin gab mir ein Paar alte Hosen, die mir viel zu lang waren – aber es waren doch meine ersten langen Hosen – dazu ein Hemd, das der Meister früher getragen hatte, und sagte: «Trag Sorge zu den schönen Sachen.»

Ich schlüpfte in meine Holzschuhe und machte mich auf den Weg zur Wiese, wo die Bundesfeier stattfinden sollte. Viele Leute, Soldaten und Offiziere, waren auf dem Weg. Eine Kompanie ging im Gleichschritt mit wehender Fahne auf den Festplatz. Ein Bataillonsspiel schmetterte einen Marsch, dann bestieg Speich das Rednerpodium, das mit einer Schweizerfahne geschmückt war.

Er sprach laut und langsam. Er warnte die Leute vor Leichtsinn und Faulheit, riet ihnen, die «fünfte Kolonne» zu bekämpfen, und stellte die ersten Eidgenossen als leuchtendes Beispiel für Widerstandswillen und Wehrhaftigkeit hin. Er schwitzte, als er vom Podium stieg.

Der gemischte Chor sang ein Lied, die wenigen Turner, die Urlaub hatten, bauten eine Pyramide, die bengalisch beleuchtet wurde. Kinder tanzten lärmend um das Erstaugustfeuer, das später angezündet wurde.

Ich schaute den Leuten zu, die rationierte Würste assen und dünnes Kriegsbier tranken. Ich ging einmal um das Feuer herum und dachte daran, nach Hause zu gehen, als mich jemand am Hemdsärmel zupfte. Ich fuhr herum.

«Elsbeth!»

«Ja, Bernie», sagte sie und lächelte. «Ich bin's.»

«Ja, was machst du hier?» sagte ich verlegen.

Sie war gewachsen. Die Erinnerung an die Landi und an die Schule lagen verblasst hinter mir.

«Wie geht es dir?» fragte sie.

Ich schwieg.

«Du schweigst noch immer gern?»

«Warum nicht», sagte ich unsicher. «Ich bin doch immer der Dumme. Du siehst ja...»

«Komm, das Fest freut mich ohnehin nicht besonders.»

Zwischen hochstehendem Weizen gingen wir zum nahen Wald.

«Fritschi wollte mir nicht sagen, wo du bist», begann sie. «Erst letzten Winter erfuhr ich, dass du bei diesem Bauern bist. Pythagoras, du erinnerst dich sicher an ihn, hat es mir gesagt. Er hat dich einmal gesehen, als er mit dem Fahrrad an eurer Scheune vorbeifuhr.»

Ich erinnerte mich an Schindler, den wir Pythagoras genannt hatten, weil er in der Geometrie selbst Sollberger etwas vorgemacht hatte.

«Was macht er?» fragte ich.

«Er geht ins Gymnasium in Zürich.»

«Dem geht's gut», sagte ich.

«Und dir?»

«Wen interessiert es schon, ob's mir gut geht?»

«Sag mir alles.»

Ich sagte nichts. Ich sah sie von der Seite an. Auf ihrem roten Haar tanzten Nachtlichter. Ich spürte einen Klumpen in meinem Hals und dachte an die vergangenen Monate, an das Leben bei dem Bauern, an die zwanzig Franken und an meinen Platz unter der Treppe.

«Ich muss heim», sagte ich.

Sie blieb stehen.

«Bist du da wirklich zu Hause?»

Ich schwieg und starrte sie an.

«Nein, aber was bleibt mir übrig? Wohin soll ich gehen?»

Sie schloss mich plötzlich in die Arme. Ich spürte ihren Körper, ich roch ihren feinen Duft und spürte ihren Atem. Ich war voll Verlangen, aber ich liess die Arme hängen.

«Es ist zwecklos. Ich möchte nicht, ich will nicht, ich kann nicht. Es ist alles vorbei, ich bin erledigt.»

Sie löste sich von mir und hatte Tränen in den Augen.

«Ich weiss nicht», sagte sie, «ich muss mich entschuldigen. Wir haben nichts getan – für dich, gar nichts. Wir haben nur immer geredet davon, wir haben gesagt, wir sollten etwas tun, aber getan haben wir nichts. Vielleicht weil Vater fast immer im Militärdienst ist. Wir haben es immer wieder aufgeschoben, aber das ist keine Entschuldigung. Es geht dir schlecht, nicht wahr?»

Ich sagte nichts.

«Sag's Bernie, sag's doch. Ich will mit Vater sprechen. Er ist jetzt im Urlaub.»

«Nein, es ist zu spät. Mein Vormund war da. Ich habe etwas angestellt, das genügt doch, oder?»

«Bernie», sagte sie, «du brauchst es mir nicht zu sagen. Ich weiss, dass wir alle daran schuld sind. Wir hätten etwas für dich tun sollen.»

Ich drehte mich um und ging den Pfad zurück.

Ich wollte zurück zu dem Bauern, ich hatte Angst vor ihrer Liebe und ihrem Mitleid. Sie lief mir nach und packte mich an der Schulter.

«Lass mich», sagte ich. «Ich habe Angst. Wenn der Bauer erfährt, dass ich mit dir im Wald war ...»

«Mir ist das gleich», sagte sie, «sollen es alle wissen. Ich werde dir helfen. Wir werden dich wegholen, ich verspreche es dir.»

«Elsbeth», stammelte ich. «Es ist hoffnungslos. Ich kann nicht. Ich habe seit Monaten nichts mehr von Papa gehört. Ich kann mit niemandem sprechen, und ich habe etwas angestellt. Ich weiss nicht, was sie mit mir machen werden.»

«Was hast du angestellt?»

Ich erzählte ihr von meinen Fluchtplänen und von den zwanzig Franken. Sie setzte sich auf das Moos unter eine Tanne.

«Komm, setz dich zu mir. Ich verstehe dich», sagte sie. Sie legte sich zurück. «Komm», sagte sie, «komm, erzähl mir alles.»

Ich beschuldigte niemanden, aber ich sagte ihr alles. Über meinen Essplatz unter der Treppe, die Hafersuppe, die Schläge, wie er mich jeden Morgen aus dem Bett zerrte, wie er mich prügelte, wenn er betrunken nach Hause kam, über die Stiche mit der Gabel beim Heuen, über die Nächte im Schweinestall und im Kartoffelkeller. Alles. Holzschuhe, keine Kleider, kein Geld, und wie ich die Wäsche immer selber waschen musste.

«Wie hast du das durchgehalten? Was werden sie mit dir machen?»

«Ich weiss es nicht. Mein Vormund hat nicht mit mir gesprochen. Schlimmer kann es nicht werden.»

«Ich möchte, dass du mich ganz fest hältst.»

«Elsbeth», flüsterte ich.

Oberhalb des Fellenbergheims traten wir aus dem Wald. Erst als ich das Heim sah, da wusste ich, dass es für mich immer ein Blaues Zimmer, immer einen Bauern, immer einen Zangger geben würde.

Wir machten einen Umweg um das Heim. Wir gingen über die längst fertige Festung im Täli. Stacheldraht hielt die Neugierigen fern. Soldaten waren nicht zu sehen. Die Deutschen waren in Russland, die Gefahr war für den Augenblick gebannt.

Unter der Linde stand der Bauer. Er kam gerade heim. Das Augustabzeichen hatte er noch immer am Hemd. Er schwankte. Seine Augen waren gerötet und starr vom Wein. «Geh in den Stall», sagte er. Als ich die Stalltüre öffnete, schaute ich zum Bahndamm hinüber. Ein Zug mit versiegelten Güterwagen ratterte vorbei. Sie trugen die Aufschrift «DRB».

Elsbeth stand noch immer drüben, als der Zug vorbei war. Sie war ein grosses Mädchen, ihre roten Haare leuchteten. Sie hob die Hand. Das war das letzte, was ich von Elsbeth sah. Ich ging in den Stall.

Es hatte lange geregnet, die Tage waren grau und trüb gewesen. Die Wiesen rochen nicht mehr so gut.

«Morgen früh brauchst du nicht aufzustehen. Bleib liegen bis zum Morgenessen», sagte mein Meister.

Ich dachte an eine Falle. Ich sass unter der Treppe und starrte vor mich hin.

«Hast du gehört?»

«Ja.»

«Warum kannst du nicht sofort eine Antwort geben?»

«Ich hab's gehört», sagte ich.

Er stand neben dem Kochherd, in dem Holz verglimmte. Wir waren allein in der Küche.

Er kam näher, ich duckte mich.

«Keine Angst, ich werde dich nie mehr anrühren.»

Ich schaute zur Wand, wo der Hagenschwanz hing.

«Du möchtest wissen, warum?»

Ich schwieg.

«Gib Antwort, wenn ich dich etwas frage.»

Ich zuckte die Schultern.

«Das sollen jetzt andere dir austreiben. Morgen kommt dein Vormund.»

Der Vormund?

Der Bauer ging zum Tisch. «Komm her.»

Ich ging hinüber.

«Setz dich. Da auf die Bank hinter den Tisch.»

Ich schaute ihn unverwandt an.

«Das wäre dein Platz gewesen. Aber du wolltest nicht. Du warst zu faul. Das konnte nicht gut gehen.»

Er stand auf und holte vom Schüttstein die Mostflasche, zog den Korken heraus und goss sich ein Glas voll. Er hielt mir die Flasche hin.

«Nein, danke.»

Er holte noch ein Glas und füllte es mit dem vergorenen Most.

«Also», sagte er.

Ich trank aus dem Glas.

«Also, mich würde interessieren, wo du das alles hingetan hast. Jetzt kannst du doch nicht mehr brauchen, was du gestohlen hast.»

Ich schwieg.

«Also? Wo sind die Schuhe, die Strümpfe, Handschuhe, Nastücher und all das andere Zeug?»

Ich schwieg.

«Du willst also nicht? Aber ich will trotzdem mit dir noch eins trinken, weil du morgen weggehst.» Er goss die Gläser wieder voll.

«Prost», sagte er.

Mir wurde unheimlich.

«Los, trink.» Ich trank.

«So ist's gut. Ein Abschiedstrunk ist immer gut. Du packst morgen früh deinen Koffer oder meinetwegen heute abend noch. Nimm nichts mit, was nicht dir gehört. Die Überkleider und die Holzschuhe bleiben da, nächste Woche kommt ein neuer Stiftler.»

«Warum muss ich weg?» fragte ich schliesslich.

«Du möchtest wohl bleiben?»

«Ich möchte ...»

«Was möchtest du?»

«Ich möchte schlafen.»

«Trink noch ein Glas.»

«Nein, danke.»

«Wenn ich dich so anschaue, du wärst ein ganz guter Knecht geworden.»

Ich stand auf und spürte, wie der Boden unter mir nachgab. Ich hielt mich am Tisch fest.

«Du bist betrunken», grölte er, «mein Knechtlein ist besoffen, am letzten Abend lässt er sich noch volllaufen.» Er füllte die Gläser wieder.

«Abhocken», sagte er.

«Wohin muss ich morgen?», hörte ich mich fragen.

«Halts Maul, weck nicht alle! Morgen ist es früh genug, um dir zu sagen, wohin die Reise geht.»

Ich wand mich um den Tisch herum. Auf unsicheren Füssen stieg ich in die Kammer hinauf. Ich erwachte erst, als die Bäuerin zum Morgenessen rief.

Der Segeltuchkoffer stand neben der Haustür.

Ich hatte Kopfschmerzen und setzte mich wortlos unter die Treppe.

«Komm in die Stube», sagte der Bauer nach dem Essen. «Wir wollen abrechnen.»

Er setzte die Brille auf und sagte: «Hock ab.»

Im Büchlein hatte er Zahlen aufgeschrieben.

«18 Monate warst du hier. Das gäbe 360 Franken.»

Er schrieb ein paar Zahlen.

Mit diesem Geld hätte ich hunderte Male nach Bachtann fahren können, dachte ich.

«Ich kann dir das Geld nicht geben. Wir haben so viel Kosten wegen dir gehabt. Wenn ich nur an das gestohlene Zeug denke, an die Schuhe und Kleider, die wir dir kaufen mussten. Da ist nichts mehr übrig. Übrigens: Da, wo du jetzt hinkommst, brauchst du kein Geld.»

Ich starrte ihn an: «Wohin?»

«In eine Arbeitserziehungsanstalt», sagte er.

Die Kerngruppe

Sepp Mächler wurde am ersten Tag in der Arbeitserziehungsanstalt mein «Götti». Er hatte mich in die Reglemente und Lebensgewohnheiten einzuführen. Sepp war blond, hatte ein spitzes Gesicht und war schon zwei Jahre in der Anstalt. Er lächelte immer, wenn er sprach.

«Warum bist du hier?» fragte er mich auf dem ersten Rundgang durch das Zöglingshaus.

Ich war nicht gefasst auf diese Frage und sagte: «Ich weiss nicht.»

«Das weiss man doch.»

«Ich nicht», sagte ich. «Ich weiss es wirklich nicht. Mein Vormund hat mich hierher gebracht.»

«Also administrativ», stellte er fest.

«Was ist das?» fragte ich.

«Du warst nicht vor Gericht?»

«Nein.»

«Dann bist du eben administrativ hier. Die meisten von uns sind von einem Gericht verurteilt und hierher geschickt worden. Dich hat dein Vormund einfach versenkt. Das ist billiger. Wen kümmert es schon, wenn einer hier verschwindet? Vor allem, wenn keine Eltern da sind.» Er lächelte eigentümlich. «Meiner hat nicht einmal mit mir gesprochen, als er mich hierher schickte.»

Wir stiegen die grosse, breite Treppe in den ersten Stock hinauf. Oben dehnte sich der Korridor zur Linken und zur Rechten. In regelmässigen Abständen sah man Zimmertüren. Alles glänzte. Der Boden spiegelte das Licht wider, das durch ein grosses Fenster hereinfiel.

«Hier ist dein Zimmer. Ihr seid zu viert darin. Einer ist

Zimmerchef. Er löscht am Abend das Licht und sorgt für Ruhe. Meist ist er es, der den grössten Krach macht. Lass dich nicht einschüchtern von ihm.»

«Wie viele Zöglinge sind in der Anstalt?» fragte ich, nachdem ich das Zimmer besichtigt und über die schönen Bettanzüge in rotweissem Kölsch gestaunt hatte.

«Ich weiss nicht, so um die 80 herum. Es kommen immer neue und andere gehen.»

Er blieb stehen. «Was hast du angestellt?»

«Wie, was meinst du?» fragte ich.

«Was du angestellt hast, dass sie dich hierher gebracht haben?»

«Ich weiss nicht. Vielleicht, weil ich 20 Franken genommen habe.»

«20 Franken, und deswegen haben sie dich versenkt? Das kannst du mir nicht andrehen. Los, komm schon, was ist wirklich passiert? Raubüberfall, oder Diebstahl, oder beides?»

«Nein, es waren nur 20 Franken. Ich habe einem Knecht, der mit mir in der gleichen Kammer schlief, 20 Franken aus der Westentasche genommen. Ich wollte davonlaufen. Der Bauer schlug mich. Ich habe nichts angestellt.»

Sepp schüttelte den Kopf. «Am Anfang gibt's keiner zu. Da haben alle Angst, man würde es dem Direktor sagen. Später, wenn sie von allem hier zum Kotzen genug haben, fangen sie an zu prahlen, anzugeben. Immer ist ein anderer schuld daran, dass sie hochgegangen sind. Bei dir wird's nicht anders sein.»

Er ging ein paar Schritte weiter und öffnete eine breite Tür. «Das ist der Waschraum. Dort ist dein Haken, Nummer 36. Jede Woche erhältst du frisches Waschzeug. Am Samstag ist Inspektion. Dein Zahnglas steht genau unter dem Nummernschild. Es muss blitzblank sein, sonst gibt's Theater.»

Wir verliessen den Waschraum.

«Geduscht wird im Keller, immer am Samstagabend nach der Inspektion. Dann erhältst du die Sonntagshose und ein frisches weisses Hemd und frische Socken. Sie sind zwar wie Drahtgeflecht, aber man kann darin laufen.»

Wir gingen in den oberen Stock, der dem unteren wie ein Ei dem andern glich.

Als wir die Treppe hinuntergingen, fragte er: «Schon in einem Heim gewesen?»

«Ja, Fellenbergheim in Oetwil.»

«Kenn' ich, war genau zwei Wochen dort, dann brachte man mich auf den Tessenberg. Scheussliche Winde! Nichts als Krampf und Schläge und nichts zu fressen.»

Er machte eine Pause und sagte dann: «Von hier geht's nur noch nach Witzwil. Das hier ist ein Kindergarten dagegen. Im Jahr sind's so drei oder vier, die nach Witzwil versetzt werden. Aber hören muss es jeder: ‹Noch einmal, und du kommst nach Witzwil.› Komm, gehen wir in den Keller, da hat's noch etwas Interessantes.»

Wir stiegen die Treppen hinunter. Der Kellergang war fast dunkel. Sepp zündete das Licht an. Wir gingen zuerst nach rechts. Er riss eine schwere Türe auf: «Das ist eine der vier Zellen auf dieser Seite des Korridors. Wenn einer Scheissdreck macht, wird er eingesperrt, so lange, wie das dem Alten passt. Kein Mensch kümmert sich darum, ob einer da drin ist oder nicht. Damit nicht dumm geredet wird, hat der Alte die ‹Kerngruppe› erfunden. Das sind Zöglinge, die für ihn Dreckarbeit machen und dafür sorgen, dass geschwiegen wird. Übrigens Oetwil: Der Hausvater dort war ein schrecklicher Angeber, ein verdammter Sklaventreiber, oder war er besser zu deiner Zeit?»

«Kaum», sagte ich und staunte über so viel Solidarität. Ich hatte das vorher nicht gekannt.

«Sie sind alle gleich, diese Scheissheime, diese Winden, man sollte sie anzünden oder in die Luft sprengen.»

Er schlug die Zellentür zu.

«Komm, ich zeig dir noch die Luxuszellen.»

Wir gingen ans andere Ende des Korridors. Er öffnete eine

andere schwere Tür, ich erwartete das Gleiche wie in der ersten Zelle: kahle Mörtelwände, einen kleinen Tisch und an der Wand ein aufgeklapptes Bett. Hier waren die Wände aus Holz, bunt bemalt. Auf einem erhöhten Podest stand ein grosser Tisch, auf dem Zeitschriften und Bücher lagen. Das Podium wurde von einem Geländer begrenzt. Ich stieg die eine Stufe hinauf und setzte mich an den Tisch. «Was soll diese Zelle?» fragte ich.

«Wenn einer etwas Krummes gedreht hat, dann kann er fürs erste hier nachdenken. Es ist die Vorstufe. Hier gibt es Essen wie oben, und arbeiten muss er auch. Nur in der Freizeit wird er hier eingesperrt. Er kann lesen oder auch ein Geständnis schreiben. Darüber freut sich der Alte am meisten.»

Wir gingen auf den Korridor hinaus. Er schlug die Tür zu, blieb stehen und deutete auf die geschlossene Türe: «Lies, was da auf der Tür steht.»

«Fata Morgana», las ich. «Was heisst das?»

«Ach, Quatsch. Die einen sagen, in der Nacht erscheint einem das Zuchthaus, die andern sagen, weil man hier beinahe verdurste. Der Alte meint, es sei ein Ort der Besinnung, das künftige Leben stehe wie eine Fata Morgana im Raum.»

Er zeigte mir die Zelle nebenan, die nicht ganz so geräumig, aber ebenfalls bunt bemalt war. An der Tür stand: «Es geht aufwärts.» Wir gingen hinauf. Er zeigte mir die Kleiderkammer, wo auch jeden Samstag der Tabak gefasst wurde, er zeigte mir die Schuhmacherei und die Schneiderei und das grosse Aufenthaltszimmer. «Jeden Donnerstag um 20 Uhr am Abend wird hier diskutiert. Ein Lieblingsabend des Direktors. Die Kerngruppe wacht streng darüber, dass da kein Mist gebaut wird. Ein falsches Wort, und du wirst spätestens am nächsten Tag verprügelt.»

Er zeigte mir das Schulzimmer, wo die Gärtner-, die Schreiner- und Schlosserlehrlinge jede Woche einen halben Tag Unterricht hatten: «Ein komischer Lehrer! Hat versucht Jurist zu werden und ist hier gelandet! Jetzt hast du die Anstalt gesehen. Morgen zeige ich dir die Felder, die Ställe und die Gärtnerei. Und noch etwas, versuch hier ohne Schwierigkeiten durchzukommen. Fang vor allem nicht mit den Werkmeistern Krach an. Die schlagen sofort drein, melden es dem Direktor, und dann gibt's ‹Haare kurz› oder sonst irgendeine Scheisse.»

Ich folgte Sepp ins Aufenthaltszimmer. Er versuchte, mir das Zigarettendrehen beizubringen.

«Das wirst du schon lernen in drei Jahren», sagte er, als mir der Tabak immer wieder vom Papier rutschte.

Am nächsten Abend erklärte mir Sepp das Gruppensystem der Anstalt.

«Wir haben vier verschiedene Gruppen. Die ‹Anfängergruppe›, da wirst du jetzt eingeteilt. Die ‹Zwischengruppe›, die ‹Aspirantengruppe›, und die Lieblinge des Alten sind alle in der ‹Kerngruppe›. Ich bin in der Kerngruppe. Aber das ändert sich täglich. Jeden Monat sind Wahlen. Die Kerngruppenmitglieder wählen die neuen Mitglieder. Es sind im Monat höchstens zwei, manchmal nur einer, und hin und wieder überhaupt keiner. Der Alte gibt nach der Wahl seinen Segen dazu, und die Neugewählten werden am Schwarzen Brett bekannt gegeben.»

«Wie bist du in die Kerngruppe gekommen?»

«Ach, wie alle andern auch. Das Rezept ist einfach: Kriech dem Alten hinten hinein, und deine Chancen steigen. Aber mach es geschickt. Am besten du fängst mit dem Hasler an. Er ist der grösste Dreckskerl. Er sitzt wegen Raubüberfall hier, nachdem er zwei Jahre in Witzwil geschmettert hat. Der macht sich breit. Leg dich mit ihm nicht an. Du wirst von ihm halb tot geprügelt. Du merkst bald, wie das Spiel hier läuft. Jetzt ist er Chef des Speisesaals, Chef im Holzschopf und Präsident der Kerngruppe. Ein gemeiner Hund, aalglatt und hinterhältig. Kriech auf dem Bauch vor ihm, grüss ihn, wo du ihm über den Weg läufst. Dann geht es rasch aufwärts mit dir.

Der Alte schwört auf ihn. Hasler sei unser bestes Vorbild, sagt er. So eine Ratte! Aber alles kann mich am Arsch lecken. Noch drei Monate und ich bin draussen.»

«Wie lange warst du hier?» fragte ich.

«Drei lange, gottverdammte Scheissjahre. Jetzt habe ich sie gleich hinter mir. Ich werd's ihnen zeigen, diesen verdammten Scheissbehörden.»

Im Korridor standen zwei Zöglinge und bliesen auf Trompeten den Zapfenstreich. Wir gingen in den Waschraum, wuschen Gesicht und Hände, putzten die Zähne und gingen ins Bett.

«Ruhe», brüllte der Zimmerchef und löschte das Licht. Ich schlief lange nicht.

Der Holzschopf

Mein erster Arbeitsplatz war der Holzschopf. Früh um sieben warteten wir auf die Einteilung. Hasler stand neben Werkmeister Fröhlich und las sich die Leute für den Holzschopf aus. Er zeigte auf einzelne Zöglinge und rief sie zu sich. Fröhlich nickte bei jedem Namen. «Und der Neue, der Oberholzer, der kommt auch in den Schopf», rief Hasler und deutete auf mich. Ich trug ein neues Überkleid und schwere Schuhe.

Die andern mussten aufs Feld. Die Holzschopfgruppe stand um Hasler herum.

Ich sagte: «Ich freue mich, dass ich bei dir arbeiten kann», und grinste über das ganze Gesicht. «Wir werden ja sehen, ob du dich in einer Stunde noch immer freust», grinste er zurück.

«Los, die ganze Bande Laufschritt», brüllte er und wir rannten durch das breite Anstaltstor, die gewundene Strasse hinunter, hinüber zum Holzschopf.

Hasler trug einen grünen Hut mit einem blauen Band. Die Krempe hatte er heruntergezogen.

Seine Augen waren dauernd in Bewegung. Im Holzschopf, einem langgezogenen Gebäude, waren die Holzvorräte aufgestapelt. Neben dem Eingangstor stand die Spaltmaschine. Ein Förderkanal führte zur Bandsäge, die von Haslers Stellvertreter bedient wurde. Zwei Mann schafften Klafterholz an die Säge.

Der Säger schnitt die Meterstücke in vier Teile, und ein weiterer Zögling reichte über den Förderkanal die Stücke an Hasler weiter. Hasler zog sich dicke Holzerhandschuhe an, stellte sich in die kleine Grube vor der Spaltmaschine und liess die Maschine laufen. «Los, an die Körbe», brüllte er.

«Aber hurtig, Schlafkappe!» Ich stellte einen grossen Korb links an die Spaltmaschine. Dann ging's los. Hasler verstand seine Arbeit.

«Schneller», schrie er dem Säger zu. «Schneller, verdammt nochmal.»

Der Korb füllte sich. Ich riss ihn weg, schmiss den andern auf den Schemel und rannte los. Ich hatte etwa 15 Meter zurückzulegen, den Korb auszuleeren, wieder zur Spaltmaschine zurückzuhetzen, den Korb, der inzwischen voll war, wegzureissen, wieder einen leeren Korb aufs Podest zu werfen und wieder loszurennen. Ich rannte, ich keuchte, ich schwitzte, und einmal stolperte ich und fiel mit dem Korb auf den Holzhaufen.

«Los, du Drecksau», schrie Hasler. «Wir sind nicht in einem Erholungsheim. Los, du fauler Sack!»

Ich schaute zurück, sah, sass der Korb an der Maschine übervoll war, rannte hin. Er war schwer, aber ich riss ihn weg und stolperte weiter. Die Zöglinge, die um das gespaltene Holz Scheiterringe schlugen, hörten mit der Arbeit auf und schauten herüber. Sie waren fasziniert von dem tollen Rennen, das Hasler mit mir veranstaltete.

Hasler höhnte, während er das Tempo steigerte: «Tränen werden wir dir austreiben. Das werden drei tolle Jahre für dich. Jeden Tag an den Körben. Du wirst einer der stärksten Männer des ganzen Kantons sein, wenn du entlassen wirst. Los, fauler Sack, mach schon.»

Er steigerte sein Tempo. Ich konnte beinahe nicht mehr. Ich weinte aus Selbstmitleid, Wut und Ohnmacht.

«Verdammter Schinder», schrie ich in das Kreischen der Bandsäge. Er hörte es nicht.

Drei Stunden an den Körben, dann ertönte ein Pfiff; Mittagszeit, halb zwölf. Ich war so erschöpft, dass ich mich einfach auf den Holzhaufen fallen liess. Ich weinte nicht mehr. Ich keuchte und dachte: Dieser verdammte Mistkerl. Dem werde ich's zeigen am Nachmittag.

Hasler stieg aus dem Loch und kam zu mir. «So, hat's dich gefreut, mit mir zu arbeiten?» grinste er. «Wir werden aus dir ein feines Bürschchen machen. Und jetzt los, Laufschritt zum Essen. Vorher Hände und Gesicht waschen. Wir essen nicht im Schweinestall.» Ich rannte den andern nach.

Hasler stand blitzsauber im Essaal. Er hatte die schwarzen Haare pomadisiert und zurückgekämmt. Er ging im schmalen Gang zwischen den Tischen auf und ab. Sein Platz war zuhinterst im Speisesaal. Über seinem Sitz hing eine Kelle.

Ich setzte mich auf den Platz, der mir zugewiesen worden war. An einem Tisch sassen neun Zöglinge, der Tischchef zuoberst. Der schöpfte zuerst. Wenn die Schüssel zu mir kam, war sie fast leer. Nachfassen gab es nicht. Der Kampf ums Essen, ums Vorrücken am Tisch entbrannte jeden Tag. Gegen ein Päckchen blaue Burrus konnte man für eine Woche einen besseren Platz am Tisch eintauschen. Eine Woche an der vollen Schüssel! Hasler hatte schon viele solche Geschäfte zunichte gemacht.

Er kam langsam zu mir und sagte: «Fingernägel.»

Ich streckte meine Hände vor.

«Diese Sau will mit schmutzigen Nägeln essen», brüllte er überlaut in den Speisesaal.

«Los, hau ab und putz sie.»

Ich schämte mich und wurde wütend, als ich unter den Flüchen der andern Zöglinge, die wegen mir mit dem Essen warten mussten, aus dem Speisesaal flitzte. Ich ging in den Aufenthaltsraum, putzte aber meine Fingernägel nicht. Nach einer Weile kam ich ruhig an meinen Platz zurück.

«Fingernägel», brüllte Hasler wieder.

Ich zeigte sie ihm. Er grinste: «Also, er kann's, wenn er will. Das nächste Mal werden dir deine Kameraden persönlich danken, wenn du ihnen die Mittagszeit klaust!»

Er schlug die Kelle in den Halter, wir setzten uns, und der Kampf um ein paar Löffel Hirsebrei begann.

Im Sommer assen wir im Freien, auf dem grossen Platz an der Strasse, wo die vielen Bänke und Tische waren. Hasler benützte hier anstatt der Kelle eine Trillerpfeife. Pfiff er einmal, bedeutete dies: setzen. Zwei Pfiffe entliessen uns in die Freizeit.

An diesem heissen Sommerabend erhielten wir geschwellte Kartoffeln, «Ackersegen».

Sie waren verkocht, mehlig und aufgesprungen. «Diese verdammten Ackersegen!» schrie Tischchef Elmer, «Sägemehl wäre Pudding dagegen. Das Zeug soll fressen, wer will. Ich will nicht am Nachtessen ersticken.»

Er nahm eine Kartoffel und schleuderte sie auf den Rasen. Hasler stand langsam auf. Er nahm die Pfeife in den Mund. Auf den Pfiff standen wir auf.

«Da scheint einer keinen Hunger zu haben», bellte er. «Natürlich der Elmer.» Er ging auf ihn zu. «Was passt dem Herrn nicht? War's in Regensdorf besser?»

«Halts Maul, du Schwein», schrie Elmer, «was geht das die andern an?»

«Nur langsam, Herr Sträfling. Verreiss nicht dein Maul, oder du wirst die Nacht in der Zelle verbringen.»

Er drehte sich um und rief: «Damit es alle wissen, das sind erstklassige Kartoffeln! Speisekartoffeln erster Qualität.»

«Ackersegen» wurden damals als Futterkartoffeln verkauft. Die Anstalt lieferte tonnenweise «Ackersegen» an Schweinemästereien.

«Kieselsteine sollte man euch zu fressen geben», schrie Hasler.

Er pfiff, wir setzten uns wieder.

Hasler ging zu Elmer und sagte: «Schluss mit dir als Tischchef! Setz dich unten hin.»

Er musterte die Zöglinge am Tisch einen nach dem andern und fuhr fort: «Lenz, du bist von heute an Tischchef. Du bringst Elmer Manieren bei. Klar?»

Lenz stand auf und wieselte um den Tisch herum.

«Dem werd ich's zeigen», sagte er und setzte sich oben an den Tisch. Wir assen schweigend fertig.

Nach dem Abendessen, als wir eine Zigarette geraucht hatten, kam der Direktor und ohrfeigte Elmer. Er nannte ihn einen Querulanten, und schliesslich sagte er laut: «Von heute an bist du nicht mehr Mitglied der Kerngruppe. Du wirst ab sofort in die ‹Aufwärtsgruppe› versetzt. Wer das Essen nicht ehrt, ist keinen Dreck wert. Gott hat uns das Essen geschenkt, damit wir uns stärken, und nicht um es zu verfluchen.»

Elmer kochte vor Wut. Aber er sagte kein Wort. Als Hasler vom Schloss her kam, den Platz überquerte, schrie ihn Elmer an: «Du verdammter Scheisskerl, du Heuchler, du Halunke, eines Tages werde ich dich verdreschen.»

Hasler drehte sich auf der Treppe um: «Komm doch und versuch's!»

Elmer stürzte sich auf ihn. Er schlug mit den Fäusten um sich. Hasler hatte ihn herankommen lassen: Im gleichen Augenblick waren zwei aus der Kerngruppe da und schlugen Elmer zusammen. Er blutete aus Nase und Lippen. Sie trugen ihn in die Anstalt und warfen ihn in den Abstellraum. Dann zündeten sie sich Zigaretten an.

Briefe

«Du kannst melken, hab' ich gehört?» fragte mich der Direktor.

«Ja», sagte ich stolz. «Ich habe es bei einem Bauern in Oetwil gelernt.»

«Nicht im Fellenbergheim?» fragte er.

«Doch, aber gut melken habe ich erst beim Bauern gelernt.»

«Gut. Das ist sehr gut. Du weisst, dass wir Gubler aus dem Kuhstall nehmen mussten. Du wirst die Kühe übernehmen.»

«Danke», sagte ich.

Er schaute mich an und sagte dann langsam: «Hasler war zufrieden mit dir im Holzschopf. Nicht hervorragend, aber Hasler sagt, dass aus dir ein brauchbarer Zögling werden könnte. Im Kuhstall hast du Gelegenheit, an dir zu arbeiten. Du musst mit deinem inneren Schweinehund fertig werden. Du musst auf der Hut sein vor ihm.»

Er machte eine Pause und fuhr dann fort: «Hasler ist ein harter Bursche, ich weiss. Aber ich habe Vertrauen zu ihm. Er ist der beste Chef, den ich je im Holzschopf hatte. Als Präsident der Kerngruppe ist er mir eine wertvolle Hilfe bei meinen modernen Methoden. Aber davon verstehst du nichts.»

Er setzte die Brille auf und stöberte in einigen Schriftstücken. Dann nahm er sie wieder ab und sagte: «Warum hast du die zwanzig Franken gestohlen? Das ist doch Diebstahl.»

«Ich wollte weg vom Bauern und hatte keinen Rappen.»
«Deswegen stiehlt man nicht. Du hättest ihn um Geld fragen können.»

«Er hätte es mir nie gegeben.»

«Warum nicht?»

«Weil er ein...» Ich brach ab.

«Was war er?»

Ich schwieg.

«Verstockt scheinst du auch zu sein. Aber das werden wir dir austreiben. Nun möchte ich wissen, was du denkst.»

«Nichts», sagte ich.

«Doch. Es ist endlich an der Zeit, dass du erkennst, wer schuld daran ist, dass du hier bist.»

Es war still im Raum. Nur das Rascheln des Papiers störte die Stille.

«Du hast allerhand auf dem Kerbholz», sagte er nach einer Weile. Er beugte sich über ein Schriftstück.

«Diebstahl, Betrug, Brandstiftung, Unzucht. Dazu kommen Liederlichkeit, Frechheit und eben Arbeitsscheu. Das sieht gar nicht gut aus.»

Ich hatte das schon so viele Male gehört, dass es mich gleichgültig liess. Ich war enttäuscht, dass der Direktor ins selbe Horn stiess wie mein Vormund.

«Was hast du zu sagen?» fragte er.

«Ich werde mir Mühe geben in den drei Jahren hier.»

«Das genügt nicht», sagte er. «Du musst ganz von vorne anfangen. Aufräumen musst du mit allem. Ich mache dir einen Voschlag: Du schreibst einen Brief an deinen Vormund und bittest ihn um Verzeihung. Vielleicht schenkt er dir wieder Vertrauen. Du hast ihn schwer enttäuscht. Er hat sich Mühe gegeben mit dir, er hat für dich gesorgt. Dass alles auch Geld gekostet hat, solltest du begriffen haben. Du schreibst ihm also einen netten Brief, dass es dir hier gefällt.»

«Gut, ich werde ihm schreiben», sagte ich.

«An den Hausvater in Oetwil, den du so bitter enttäuscht hast, wirst du auch schreiben und dich entschuldigen.»

Ich starrte den Direktor an. Was hatte er damals gesagt, als mich Herr Zangger hergebracht hatte? «Unser junger Freund.»

«Und dem Bauern wirst du schreiben», fuhr der Direktor

fort, «dann hast du alles in Ordnung gebracht und kannst neu beginnen.»

«Nein, dem Bauern werde ich nicht schreiben», sagte ich. «Er hat mich oft grundlos geschlagen.»

«Lüg nicht», fuhr er mich an. «Du warst so schlecht, dass man ihn begreifen kann, dass er manchmal dreinschlug. Du hast seinen Knecht und seine Kinder bestohlen, Grund genug…»

«Das stimmt nicht, den Kindern habe ich nichts weggenommen. Nur die zwanzig Franken vom alten Knecht und einmal einen Apfel, als ich Hunger hatte.»

«Äpfel hast du auch gestohlen?»

«Einen Apfel.»

«Auf die Menge kommt es nicht an. Sei froh, dass er dich nicht angezeigt hat. Die Polizei hätte dich geholt.»

Ich schwieg.

«Also, du wirst auch dem Bauern einen Brief schreiben. Danke ihm, dass er dich nicht angezeigt hat, und bitte ihn ebenfalls um Verzeihung. Klar?»

«Ich werd' ihm schreiben», sagte ich zornig. «Ich werde mich für den miserablen Frass und für die Schläge bedanken. Ich werde mich bei allen entschuldigen, dass ich überhaupt geboren bin.»

«Schweig! Du scheinst nicht zu begreifen, um was es geht. Sei froh, dass es immer Menschen gegeben hat, die sich um dich gekümmert haben.»

«Nur mein Vater hat das getan. Sonst keiner!»

«Du wirst es vielleicht später einmal begreifen, wenn niemand mehr da ist, der sich um dich kümmert.»

Er stand auf. Er trug beige Reithosen und schwarze Stiefel. Er kam um den Tisch herum und lächelte: «Also, ab morgen arbeitest du im Kuhstall. Vergiss nicht, es ist deine letzte Chance. Am Sonntagnachmittag hast du Zeit, die Briefe zu schreiben. Jetzt geh. Alles Weitere wird dir der Stallchef erklären.»

«Ja», sagte ich. Ich wandte mich zur Tür. Da rief er mich zurück: «Was sagt man?»

«Danke, Herr Direktor, auf Wiedersehen.»

«So ist's gut. Beim Anstand fängt alles an.»

Rütschi

Ich arbeitete nicht mehr im Kuhstall. Ich hatte beim Runkelputzen mit einem Gertel meine linke Hand verletzt und konnte nicht mehr melken. Ich wurde überall «eingesetzt»: im Holzschopf, bei einer Aufräumungsgruppe, auf dem Feld, in der Gärtnerei oder beim Gemüseputzen fürs Kantonsspital.

An einem Samstagnachmittag kehrten wir mit Reisigbesen die Wege um die Anstalt, rechten im Hof den Kies, nachdem er von Papierfetzchen und Zigarettenstummeln gesäubert worden war. Es regnete.

Wir hatten seit kurzem einen neuen Schneider, der in die Anstalt eingewiesen worden war. Er arbeitete im kleinen Zimmer gegenüber der Kleiderkammer. Er besserte mit einer alten Tretnähmaschine Zöglingshemden und Hosen aus und flickte Leintücher; dabei führte er Selbstgespräche, und manchmal lachte er laut.

Den Zöglingen gegenüber zeigte er sich verschlossen. Geriet er in Wut, war es schwer, ihn wieder zu beruhigen. Manchmal zeigte er ein verhaltenes, verächtliches Grinsen. Rütschi war schon einige Male in Anstalten gewesen; einmal auch im Burghölzli. Er stammte aus «besserem Haus», erhielt viele Pakete mit Zigaretten und Tabak. Wir waren neidisch auf ihn, weil er nie Zigaretten drehen musste wie wir. Meist ging er am Samstagnachmittag zu Buchhalter Eckert und holte sich seine Extrapackung ab. Wir hatten jede Woche nur eine Packung Burrus-Tabak und Zigarettenpapier.

An diesem düsteren Herbstsamstag ging Rütschi über den Platz, blieb einige Sekunden bei uns stehen und schaute uns beim Aufräumen zu. Ich schwang meinen Reisigbesen, und Rütschi fragte: «Ist der nicht ein bisschen schwer?»

«Meinst du, ich kann damit nicht umgehen?»

Rütschi grinste und ging zum Hauptgebäude. Er klopfte an die Türe der Buchhaltung, öffnete langsam und trat ein. «Störe ich» fragte er.

«Nein, komm herein», sagte Eckert, «ich bin gleich fertig.» «So», sagte er nach einer Weile und legte den Bleistift in die Schale auf dem Schreibtisch.

Dann stand er auf und ging zum Schrank. Er stellte sich auf den unteren Absatz der Türfüllung und streckte sich nach dem Regal, auf dem die Geschenkzigaretten lagen. In diesem Moment riss Rütschi einen Hammer aus dem Hosenbund und schlug auf den Hinterkopf von Eckert ein, bis er regungslos am Boden lag.

Dann ging er aus dem Büro, schaute uns an, ging zum grossen Durchgang, zur Gärtnerei und verschwand.

Draussen auf dem Feld begann er zu laufen, quer über die Wiesen. Er schaute nicht zurück.

Erst eine Viertelstunde später fand man den Buchhalter. Eine Gehilfin der Lingerie sah zufällig ins Büro und entdeckte Eckert. Sein Kopf lag in einer Blutlache. Das Mädchen schrie auf, rannte auf den Platz hinaus. Auf Fragen gab sie keine Antwort. Kurze Zeit später kam ein Zögling aus dem grossen Gebäude gelaufen.

«Gottverdammte Schweinerei!» schrie er. «Jemand hat den Buchhalter umgebracht. Er liegt im Büro. Gott verdamm mich.»

Dieser Zögling sagte bei der kleinsten Aufregung: «Gott verdamm mich.»

Er blieb vor uns stehen und schrie: «Herrgott nochmal, unternehmt doch was. Jemand hat den Buchhalter erschlagen.»

Wir starrten ihn an. Ich liess meinen Besen fallen und lief zum Schloss. Beinahe hätte ich die Frau Direktor umgerannt. Jetzt sah ich auch den Mann am Boden. Zwei Zöglinge knieten neben ihm. Der Buchhalter regte sich nicht. Jemand sagte: «Hat man die Polizei gerufen?»

Nein, das hatte man noch nicht getan. Das brachte den fluchenden Zögling erneut in Wut. Er sprang über den am Boden liegenden Buchhalter, riss den Telefonhörer von der Gabel und rief die Polizei an.

Alles ging schnell. Der Krankenwagen fuhr durch die halb geöffneten Tore und riss breite Spuren in den frisch gerechten Kies. Der schwerverletzte Eckert wurde auf einer Bahre in den Wagen geschoben. Dann kurvten die Wagen der Polizei in den Hof. Einige Polizisten sprangen heraus und brüllten: «Marsch, hinüber zur Anstalt.» Von überall strömten die Zöglinge herbei.

Einige starrten hasserfüllt auf die Polizisten, die uns in zwei Reihen zum Appell antreten liessen.

Rütschi hatte seine Flucht nicht vorbereitet. Er irrte auf den Feldern herum, die zur Anstalt gehörten, ohne zu wissen, wohin er gehen sollte. Später gab er an, er habe nicht gewusst, dass er Eckert niedergeschlagen habe.

Beim Appell fehlte nur er. Ruedi, der Sohn des Direktors, nahm die Verfolgung auf. Er war gleich alt wie ich, spielte mit uns während seiner Freizeit Fussball und lachte mit uns, als ob er zu uns gehörte. Er ging in Zürich ins Gymnasium. Unten am Bach, der die Grundstücke der Anstalt begrenzte, stiess er auf Rütschi, der laut mit sich selbst sprach. Er rief ihn an. Rütschi blieb stehen und schaute misstrauisch auf Ruedi.

«Es hat keinen Sinn davonzulaufen», begann Ruedi. «Rauchen wir eine Zigarette», schlug er vor, als Rütschi zögerte. Rütschi nahm die angebotene Zigarette.

«Hast du Feuer?» fragte er.

«Ja, sicher», sagte Ruedi und griff nach der Zündholzschachtel in seiner Hosentasche. Da stürzte sich Rütschi auf ihn. Sie rangen, fielen zu Boden und kämpften verbissen. Ruedi war nicht stärker als Rütschi, aber er war wendiger und konnte sich den Griffen Rütschis entziehen. Sie sprangen auf, starrten sich keuchend an, da riss Rütschi ein Messer aus der Jacke.

Doch so, wie er angefangen hatte, gab er plötzlich auf. Er liess von Ruedi ab und flüchtete. Nur wenig später fasste ihn die Polizei. Er hielt noch immer das Messer in der Hand. Beinahe hätte ihn einer der Polizisten angeschossen, weil er auf drei Warnrufe, die Waffe wegzuwerfen, nicht reagiert hatte.

In eine Anstaltszelle gebracht, starrte Rütschi vor sich hin, murmelte Unverständliches und gab den verhörenden Polizisten nur unzusammenhängende Antworten. Er bestritt die Tat, brach aber vor einem Bild des verletzten Eckert schreiend zusammen.

Der Schneider Rütschi wurde in die Irrenanstalt übergeführt. Abends kam der Direktor zu uns in den Speisesaal.

Er suchte lange nach Worten, bis er schliesslich begann: «Ich weiss, die Tat ist so schrecklich, dass wir sie nicht begreifen können. Ich möchte allen danken, die der Polizei und mir geholfen haben. Die Anstaltstore bleiben für einige Tage geschlossen. Auf den Feldern müssen strengere Kontrollen durchgeführt werden. Auch das Sprechen bei der Arbeit ist zunächst verboten. Es tut mir leid, aber dieser Befehl kommt von der Justizdirektion. Bleibt besonnen, und vor allem soll keiner ausreissen.»

Er schaute uns lange an. Dann verliess er den Speisesaal.

Die Heizung

Die «Alten» waren eine besondere Sorte von Zöglingen. Sie kannten den Betrieb und hielten untereinander zusammen. Sie arbeiteten fast alle im Holzschopf. Der Holzschopf war bei ihnen beliebt, weil man dort Verbindung zur Aussenwelt hatte. Holz- und Kohlenhändler aus der Stadt holten hier mit Lastwagen Brennholz in Säcken oder in Eisenringen ab. Die Wagen fuhren schon früh am Morgen in den ersten Arbeitsstunden vor. Mit den Chauffeuren trieben die «Alten» Tauschhandel.

Der Chef des Hühnerstalls lieferte Eier, aus Magazinen und Geräteschuppen wurden Bindemäherschnüre, Treibriemen, Jutesäcke, Saatkartoffeln und Saatgetreide in den Holzschopf geschafft. Während die Chauffeure warteten, bis ihre Fahrzeuge beladen waren, wurde die Ware in der Führerkabine verstaut. Aber nicht nur die Chauffeure beschafften sich so billig Dinge, die in den Kriegsjahren schwer zu beschaffen waren.

Auch Bauern aus dem Dorf hatten bei uns diese billige Bezugsquelle entdeckt. Sie fuhren mit ihren Traktoren vor den Holzschopf, und wenn die Luft rein war, luden sie die Ware rasch auf und fuhren ab. Bezahlt wurde selten in bar. Mit Geld war in der Anstalt nicht viel anzufangen. Die Bauern brachten Wein oder Schnaps, die Chauffeure aus der Stadt Zigaretten, Schokolade oder sonst etwas Essbares. Die «Alten» versteckten alles im Heizungsraum der Anstalt. In der Nacht schlichen sie hinunter und tranken, rauchten und assen den «gekauften» Speck, wenn einer der Bauern einmal grosszügig gewesen war.

Dieser Handel funktionierte während Wochen reibungslos. In einer regnerischen Sommernacht waren wieder einmal alle Eingeweihten im Heizungsraum.

Wein und Schnaps, auch Zigaretten waren da. Flaschen wurden von Hand zu Hand gereicht, man nahm einen Schluck und gab sie weiter. Bald waren einige betrunken. Sie grölten laut.

Schreinermeister Hepp war ein schmächtiger Mann. Er betete jeden Morgen mit den Zöglingen vor der Arbeit.

«Wenn man gebetet hat, wird der Herr die Arbeit segnen», sagte er. Hepp wollte an diesem Abend noch einen Blick in die Schreinerei werfen, bevor er nach Hause ging. Er wohnte in einem der beiden Reihenhäuser unterhalb der Anstalt, mitten in den Blumenfeldern der Gärtnerei.

Da hörte er das Gejohle und ging zum Anstaltsgebäude zurück. Unter dem Gitter des Heizungsschachtes entdeckte er einen Lichtschimmer. Er hob das Gitter ab und stieg in den Schacht hinunter zum Fenster. Durch die dickverstaubte Scheibe konnte er nicht viel erkennen. Doch an einer Stelle sah er besser in den Kellerraum. Er sah undeutlich nackte Zöglinge herumtanzen. Sie hatten Flaschen in den Händen, umarmten sich, soffen, lagen in den Ecken ... Er schloss die Augen. Wieder starrte er durch die Scheibe. Dann kroch er zitternd durch den Schacht zurück, kletterte hinauf und rannte quer über den Platz zum Schloss. Mit beiden Händen riss er am Draht der Hausglocke. Ein lautes Gebimmel tönte durch die Stille.

«Das ist eine verfluchte, verdammte Schweinerei... Zöglinge im Heizungskeller...» keuchte er, als die Frau des Direktors die Türe geöffnet hatte. Schon flammten in den Zimmern der Angestellten und der Zöglinge Lichter auf. Die Lampe über dem Haupteingang warf grelles Licht über den Platz. Der Direktor stand, in einen Bademantel gehüllt, unter der Türe. Als er mit ein paar Angestellten die Kellertreppe zum Heizungsraum hinunterrannte, kamen ihm schon nackte, flaschenschwingende Zöglinge entgegen.

«Zurück in die Heizung!» schrie der Direktor.

Die Zöglinge lachten und schrien durcheinander. Erst als einer der Angestellten einem Betrunkenen einen Fusstritt versetzte, schienen die Zöglinge nüchtern zu werden.

«Zurück in die Heizung!» schrie der Direktor nochmals und stieg langsam, gefolgt von seinen Leuten, hinunter. Die Zöglinge wichen zurück und liessen sich in den Heizungsraum treiben.

Der Direktor stammelte schliesslich: «Wie konnte so etwas geschehen, ihr verdammten Schweine, ihr verfluchten Misthaufen!»

In einer Ecke lag ein Zögling, leise wimmernd.

«Hör auf», schrie der Direktor, «hör endlich auf, du Schwein!»

Der Betrunkene stöhnte und legte sich erschöpft auf die Seite.

«Aufstehen», befahl der Direktor.

«Los, Kleider anziehen, und dann in die Zellen.»

Die Angestellten führten die betrunkenen Zöglinge in die Zellen.

Stunden später begannen die Verhöre. Polizei war aus Zürich gekommen und nahm sich jeden einzelnen Zögling vor. Allen wurde eine Versetzung ins Zuchthaus angedroht, wenn sie nicht geständig seien.

Sie nannten die Namen der Bauern im Dorf, die sie mit Saatgetreide, mit Kartoffeln oder mit anderem beliefert hatten. Sie nannten auch die Chauffeure, denen sie Eier und Holz verkauft hatten.

Sie sagten alles und wanderten schliesslich mit kahlgeschorenen Köpfen in die Zellen zurück. Einige wurden für mehrere Wochen eingesperrt und durften die Zelle nur zur Arbeit verlassen. Andere kamen mit einigen Tagen Arrest davon.

Ein einziger Zögling – der Anführer – wurde vor Gericht

gestellt und nach Regensdorf ins Zuchthaus eingewiesen. Er hatte bisher als Musterzögling gegolten.

Kurz nach diesem Skandal wurde ich in den Kuhstall versetzt. Der junge Melker Berger hatte bei den Tauschgeschäften als Kettenraucher nicht nein sagen können. Zur Strafe wurde er in den Holzschopf geschickt und ich bekam den Stall zur Betreuung. Ich war stolz darauf. Dabei war die Stallarbeit noch viel härter, und die Freizeit schmolz auf wenige Stunden zusammen. Auch am Sonntag musste ich das Vieh besorgen.

Die Schlüssel

Endlich erhielt ich meinen ersten Urlaub. Der Direktor erklärte, er sei mit mir zufrieden: «Kein Musterzögling, aber diesen einen Tag Urlaub hast du dir verdient. Besuche deine Pflegeeltern, schreib' ihnen vorher einen Brief, damit sie auch zu Hause sind.»

Ich war glücklich, wieder einmal Papa zu sehen und schrieb ihm sofort. Er hatte mich einmal besucht und sich von mir die Anstalt zeigen lassen. Leider musste er seinen Besuch am Nachmittag abbrechen, weil wir Garben vor dem Gewitter einbringen mussten. Er schaute uns eine Weile bei der Arbeit zu. Dann gab er mir die Hand und sagte: «Bleib brav. Es wird noch alles gut werden.» Noch einmal schaute er zurück und winkte. Vater reiste nicht gerne. Selbst eine Reise nach Zürich war für ihn schon eine Plage.

Ich freute mich auf meinen ersten Urlaub, zählte Stunden und Minuten. Dabei überlegte ich mir nie, dass ich auch unerwünscht sein könnte, dass man in Bachtann schlecht über mich sprechen würde, dass die Leute etwas gegen mich haben könnten. Aber ich hatte ja nichts Schlechtes getan, war nie vor Gericht gewesen, hatte nie etwas mit der Polizei zu tun gehabt. Die «Versorgung» war von meinem Vormund veranlasst worden.

Am Sonntag stieg ich nach einem anderthalbstündigen Marsch nach Zürich in aller Frühe in den Schnellzug. Schon von weitem sah ich den Bachtel über unserem Dorf. Zum ersten Mal seit vier Jahren zu Hause! Als der Zug in den Bahnhof einfuhr, hielt ich Ausschau nach Papa, doch holte er mich nicht ab. Vielleicht war er zur Kirche gegangen, vielleicht war mein Brief nicht rechtzeitig angekommen.

Ich spazierte über die Brücke bei der Maschinenfabrik, und die Hauptstrasse hinauf ins Dorf. Bekannte grüssten mich nur knapp. Manche schauten weg, sobald sie mich erkannten. Selbst eine Nachbarin, die mich immer gut gemocht hatte, zog sich rasch ins Haus zurück, als sie mich kommen sah.

Ich klopfte an die Haustür und trat ein. Papa war nicht da. Mutter sagte: «So, du bist auch wieder da.» Sie kam sofort auf das Verbrechen des Schneiders zu sprechen.

Am liebsten wäre ich gleich in die Anstalt zurückgekehrt. Ich ging in die Stube. Mutter hatte an allen Schränken die Schlüssel abgezogen. «Warum hast du die Schlüssel weggenommen, doch nicht meinetwegen?»

«Doch», sagte sie. «Wir wissen alles, was vorgefallen ist. Herr Zangger hat uns alles erzählt.»

«Ich stehle nicht. Ich habe in der Anstalt genug zu essen, ich habe Kleider und Arbeit. An dem fehlt's nicht.»

Mutter begriff mich nicht. «Komm in die Küche», sagte sie. «Vater ist gleich hier. Dann essen wir.»

Die Luftschutzsirenen heulten, als Papa ins Haus trat. Ich fror und kam mir in diesem Haus verloren vor. Mutter tat so, als höre sie das Sirenengeheul nicht.

«Sitz!» sagte sie, als ich Papa herzlich umarmte. Nach dem Tischgebet assen wir schweigend.

«Hilda lässt dich grüssen», sagte Mutter später und «wie geht's in der Anstalt?»

Was sollte ich erzählen? Was sollte ich ihr erzählen? Papa stellte keine Fragen. Er sass da und hörte mir zu. Er war immer der gleiche: ruhig, wortkarg, aber man sah in seinen Augen, was er dachte. Er trug das weisse Haar kurz geschnitten. Tausend Erinnerungen an früher schossen mir durch den Kopf: Wie er selbst die kleinste Wurst mit allen geteilt hatte, wie er am frühen Morgen meinen Namen in singendem Tonfall gerufen hatte. Wenn ich herunterkam, erzählte er mir von den Vögeln, die er am frühen Morgen beobachtet hatte, oder von seinem nächtlichen Rundgang durchs Dorf. Diese Erinnerungen flatterten jetzt davon. Später ging ich zu Ernst hinüber und begrüsste ihn wie früher: mit unserm schrillen Pfiff. Aber er trat nur unter die Tür und bestaunte mich wie ein fremdes Tier und schaute mich traurig an; er erkannte mich kaum mehr.

Ich lief nach Hause. Am liebsten wäre ich mit dem nächsten Zug in die Anstalt zurückgefahren; aber Papa war da. Ich suchte ihn und fand ihn nirgends. Ich war verwirrt, weil ich das alles nicht begriff. Was hatte ich getan? Alle verachteten mich. Niemand wollte etwas mit mir zu tun haben. Niemand, ausser Papa.

Ich habe die Zöglinge nicht begriffen, die aus dem Urlaub nicht mehr in die Anstalt zurückkehrten, die von der Polizei zurückgeschickt werden mussten. Ich dachte mit keinem Gedanken daran, nicht mehr zurückzukehren. In der Anstalt war ich zu Hause. Wo hätte ich sonst hingehen können? Papa begleitete mich zum Zug. Er sprach auf dem Weg zum Bahnhof wenig.

«Sei brav», sagte er einige Male, «wir möchten uns deinetwegen nicht schämen.»

Ich umarmte ihn. Er küsste mich auf die Wange. Dann ging ich in den Zug und riss das Fenster herunter.

«Tschau, Papa», sagte ich mit Tränen in den Augen.

«Tschau», sagte er. Klein und bekümmert stand er da, unter den Menschen auf dem Bahnsteig. Der Zug fuhr an. Er hob die Hand. Er wurde kleiner und kleiner. Der Zug bog pfeifend in eine Kurve.

Ein Mädchen, etwa 19, wie ich, sass mir gegenüber. Ich sprach sie an und erfuhr, dass sie nach Zürich fuhr. Sie fragte mich, ob ich in Zürich arbeite. Ich war verlegen, sagte, ich hätte eine Stelle. Von der Anstalt sagte ich kein Wort. Wir lachten und sprachen über allerlei Dinge, und als wir ausstiegen, versuchte ich das Mädchen zu küssen. Doch stiess es mich lachend zurück: «Ich lasse mich nur von dem Mann küssen, der mich heiratet.»

Mit der Üetlibergbahn fuhr ich zur Waldegg. Je mehr ich mich der Anstalt näherte, desto trübseliger wurde ich.

Abends im Bett erzählte ich meinen Kameraden von dem Mädchen im Zug. Ich sprach langsam und malte für meine Kameraden alles aus.

Kurz bevor ich einschlief, dachte ich: Warum bin ich eigentlich hier?

Der Ausbruch

Am Pfingstmontag wurde zum ersten Mal in der Anstalt ein Schwingfest durchgeführt. Werkmeister Fröhlich, ein ehemaliger Berner Schwinger, hatte die Bewilligung vom Direktor erhalten. Zusammen mit Hasler, Stucki und Laib organisierte er das Fest. Sie schafften Sägemehl auf die Wiese unterhalb des grossen Hühnerstalls, legten zwei Kampfplätze aus. Aus Sackleinwand wurde ein Dutzend Schwingerhosen geschneidert. Hasler und Laib waren Kampfrichter. Mitglieder der Aspirantengruppe bildeten das Rechnungsbüro.

Der Direktor eröffnete das Fest mit einer kurzen Ansprache: «Als ehemaliger Berner bin ich mit diesem Volkssport aufs Engste verbunden. Er zeugt von Manneskraft und Tüchtigkeit, er stärkt unseren Wehrwillen und fördert das Bodenständige in unserem Volk.»

Einige Zöglinge lachten. Er schwieg. Dann drehte er sich plötzlich um und sagte unfreundlich: «Ich wünsche einen schönen Tag.» Später ritt er mit Grüter an uns vorbei. Er tauchte nicht mehr auf und liess sich beim Mittagessen nicht blicken.

Werkmeister Fröhlich sammelte die Schwinger um sich. Er hatte den Strohhut tief ins Gesicht gezogen, lächelte, wie er zu lächeln pflegte, wenn wir an einem Tag zehn Fuder Getreide trocken in die Scheune gebracht hatten.

«Also», begann er, «die Regeln sind bekannt. Keine Mätzchen, keine Tricks! Nach dem Anschwingen werden wir einen kurzen Feldgottesdienst abhalten. Der Herr Pfarrer will ein paar Worte zu uns sagen. Dass ja alle anständig sind! Nach dem Mittagessen werden wir ausschwingen und versuchen, bis vier den Schlussgang hinter uns zu bringen, damit auch die Stallmannschaft bis zum Festende dabei sein kann.»

Er wischte sich den Schweiss von der Stirn und rief laut: «Mannen, in die Hosen.»

Beifall und Anfeuerungsrufe. Die ersten Kämpfer zogen sich die Schwingerhosen an und fassten Griff.

Wir setzten uns um die Sägemehlringe. Die Sonne schien, und die Hitze nahm bis zum Mittag stetig zu.

Die Direktion hatte zur Feier des Tages verdünnten Süssmost bewilligt, der in grossen Kesseln bereitstand.

Nach dem Anschwingen kam der Pfarrer. Wir setzten uns zusammen und schwiegen.

«Meine Herren», begann er. «Dies ist ein schöner Tag, seien wir dem Herrn dankbar dafür. Ich freue mich, dass ich diesen Festgottesdienst durchführen darf und hoffe, dass jeder Kämpfer sein Bestes gibt. Der Herr möge diesen Tag segnen. Ich wünsche euch allen viel Vergnügen.»

Er sprach ein kurzes Gebet und setzte sich dann unter die Zöglinge. Er war hager, an die 70 Jahre alt. Seine lebhafte Art hatte uns immer gefallen, wir mochten ihn gut. Trotzdem sprachen wir immer vom «Dorfkomiker», wenn er kam.

Nach dem Mittagessen unter den grossen Linden verbreitete sich die Meinung, Stucki werde mit einem Zwischengrüppler in den Schlussgang kommen. Wetten wurden abgeschlossen, Burrus-Tabak wechselte den Besitzer, und dann ging man gespannt zum Ausschwingen. Die Kämpfe waren nicht mehr so unbeschwert und auch nicht mehr so fair wie am Vormittag. Die Schwinger waren müde und litten unter der brütenden Hitze. Unerlaubte Griffe mehrten sich, und im zweiten Ring musste Hasler handgreiflich einschreiten, um eine Schlägerei zu verhindern.

Fröhlich drohte mit Abbruch. Er fluchte und hatte wohl die Übersicht verloren. Ich sass neben Meier, der einige Monate länger in der Anstalt war als ich. Er war vom Jugendrichter wegen Raubüberfalls eingewiesen worden. Neben ihm sass Bollinger, ein undurchsichtiger Bursche, der Meier hündisch ergeben war. Er wichste ihm die Schuhe, rollte Zigaretten für ihn, putzte ihm am Samstag die Kleider für die Inspektion und begleitete ihn überallhin wie sein eigener Schatten.

«Bollinger, hol mir Süssmost», befahl Meier. Bollinger stand sofort auf. «Ist gut.» Dann schaute er mich an und fragte: «Willst du auch einen Becher Most, Oberholzer?» Ich war überrascht.

«Ja gern, wenn's dir nichts ausmacht», sagte ich. Ich mochte den Burschen nicht. Er hatte eine keuchende Stimme und versuchte immer, andere auf irgendeine Art hereinzulegen. Sein aufgedunsenes Gesicht war auch im Sommer grau. Sein Haar war strähnig und fiel ihm ins Gesicht. Wenn er einem die Hand gab, war sie feucht, und der Händedruck war lahm.

Er sass wegen Diebstahls und Raub, nach einem Jahr Gefängnis in Regensdorf, zur Nacherziehung hier. Er hatte auch hier schon zweimal kleinere Diebstähle verübt und war jedes Mal mit sieben Tagen Zellenarrest bestraft worden. Er hatte nur gegrinst und gesagt: «Die können mich alle, das nächste Mal erwischen sie mich bombensicher nicht.»

Er ging zum grossen Kessel und schöpfte Süssmost in drei Blechnäpfe, die er uns herüberbrachte.

Er schlürfte langsam, während Meier seinen Becher in einem Zug leer trank. Meier schaute immer wieder auf seine protzige Uhr. «Bollinger, mich kotzt dieses Schwingfest an. So etwas Blödes habe ich noch selten erlebt.»

«Ja», sagte Bollinger, «was geht uns dieser Mist an?» Er lachte meckernd.

«Gehen wir spazieren», schlug Meier vor. Ich stand auch auf.

«Nein, du bleibst besser hier», sagte Meier. «Du kannst da noch was lernen, du bist schliesslich ein Bauer, oder?»

Ich wagte nicht zu widersprechen und setzte mich wieder ins Gras. Die Schwinger waren eben mit dem Ausschwingen fertig geworden. Ich hörte noch, wie Bollinger zu Meier sagte: «Gute Idee!»

«Ich sage euch dann, wer gewonnen hat», rief ich hinter ihnen her. Sie gingen über die Wiese zur Gärtnerei. Dann nahmen sie den kleinen Weg, der zu den Gemüsefeldern führte.

Sie blieben einmal kurz stehen. Ich sah, wie Meier sich kämmte. Meier kämmte sich Dutzende Male im Tag. Er sagte, er denke dann immer besonders angestrengt nach. «Du verdammtes Arschloch», schrie plötzlich ein Zögling. Ich schaute zu den Schwingern. Laib stand da, rot im Gesicht, bereit zuzuschlagen. Vor ihm lag ein junger Zögling, der erst seit einigen Tagen in der Anstalt war. Laib war für seine harte Faust bekannt. Jeder ging ihm aus dem Weg. Geriet er in Zorn, dann blutete er sturzbachähnlich aus der Nase.

Meist schlug er seine Gegner bewusstlos. Noch nie hatte sich jemand in Schlägereien eingemischt, bei denen Laib beteiligt gewesen war. Der junge Bosshard stand auf und sagte leise: «Entschuldigung, ich wollte wirklich nur fragen. Ich weiss überhaupt nichts.»

«Ich weiss genau so wenig wie du. Ich bin hier Kampfrichter und nicht im Rechnungsbüro, und wenn du glaubst, dass hier beschissen wird, dann werde ich dich davon überzeugen, dass das nicht so ist.»

Bosshard zog sich zurück. «Das wollte ich auf keinen Fall behaupten.»

«Ist auch besser», sagte Laib drohend.

Die Zöglinge hatten die Lust am Fest verloren. Eine Unruhe herrschte. Viele spazierten herum, andere verliessen mit enttäuschten Gesichtern den Kampfplatz. Nur wenige harrten bis zum Schlussgang aus. Einige schliefen im Schatten der Apfelbäume. Fröhlich hatte den Strohhut noch tiefer ins Gesicht gezogen. Man sah kaum seine Augen. Er fürchtete um den Erfolg des Festes und hatte Angst, dies vor dem Direktor verantworten zu müssen.

Schliesslich wurden Stucki und Kölliker, ein schmaler, grosser Bursche, zum Schlussgang ausgerufen. Die Zöglinge schrien durcheinander, und ich sah, wie Laib fäusteschwingend den Kampfplatz umrundete. Ich brachte mich vorsorglich in Sicherheit. Ich wusste, dass Laib in seiner Wut wahllos zuschlug. Meist war es ein schwächlicher Zögling, der zuerst drankam. Ich setzte mich in einiger Entfernung wieder ins Gras und sah zum Schwingplatz hinüber. Der Sieger stand natürlich fest. Kölliker hatte keine Chance gegen Stucki; Stucki war kräftiger und fast gleich gross. Zudem würde Kölliker, auch wenn er Stucki ein Remis abtrotzen könnte, ihn mit Sicherheit siegen lassen. Kölliker war nur Mitglied der Zwischengruppe. Er wollte in die Aspirantengruppe aufsteigen, weil er «endlich einmal Urlaub» wollte. Urlaub gab es nur für Mitglieder der Aspirantengruppe und der Kerngruppe. Ausnahmen waren sehr selten. Würde er Stucki besiegen, hätte Kölliker keine Chance, in die Aspirantengruppe aufzusteigen. Und das würde bis zu seinem Austritt in anderthalb Jahren so bleiben. Das wusste Kölliker ganz genau. Er gab sich schon nach vier Minuten geschlagen, als ihn Stucki mit einem «Hüfter» auf den Rücken beförderte. Lauter Beifall, viele Pfiffe und verächtliche Rufe ertönten. Kölliker stand grinsend auf und liess sich von Stucki das Sägemehl vom Rücken abwischen. Sie gaben sich die Hand. Stucki sagte: «Warst ein guter Gegner.» «Leck mich», sagter Kölliker und schlüpfte aus den Schwingerhosen. Fröhlich gratulierte Stucki. Kerngruppenmitglieder drängten sich um den Schwingerkönig.

Ich stand auf und ging zum Mostkessel. Ich nahm einen Blechbecher voll und trank, ohne die Schwinger aus den Augen zu lassen. Stucki ging über den Platz und blieb vor ein paar Zöglingen stehen, die ihn ausgepfiffen hatten.

«Ihr Dreckskerle, ich werde euch das Pfeifen schon austreiben», sagte er finster, fand aber keinen Grund, einen der Burschen jetzt anzugreifen. Er drehte sich um und blieb stehen. Der Direktor kam in seinen Reitstiefeln über die Wiese gestelzt. Hinter ihm Grüter.

«Fröhlich, Fröhlich», rief er und winkte. Hasler hatte das Notenblatt eines Schwingers in der Hand.

«Was ist los?» fragte er und ging dem Direktor entgegen.

«Es sind ein paar abgehauen», rief der Direktor atemlos. «Rufen Sie alle zum Appell zusammen.»

Fröhlich, der auf dem rechten Auge stark schielte, sah den Direktor wortlos an.

«Haben Sie begriffen?» fragte der Direktor scharf.

«Ja», sagte Fröhlich, «natürlich. Diese Schweinehunde versauen mir das ganze Fest.» Er drehte sich um und sagte mit seiner fast heiseren Stimme: «Los, zusammenpacken. Kerngruppe bleibt hier, Rest ab in den Anstaltshof.»

Ich rannte über die Wiese, vorbei am Hühnerstall, durchs Mauertor in den Hof.

«Etwa zehn sind abgehauen», sagte Bosshard. «Vielleicht auch mehr.»

Hasler kam angelaufen.

«Los, die ganze Bande auf zwei Glieder antreten. Himmel Arsch nochmal. Diese Schweinehunde werden wir gleich wieder haben.»

Wir stellten uns auf zwei Glieder auf. Jeder hatte auf die aufgerufene Anstaltsnummer hin seinen Namen zu rufen. Laib und Stucki und noch zwei Kerngruppenmitglieder umrundeten die angetretenen Zöglinge.

«Du kannst wohl nicht gerade stehen, wenn der Direktor da ist», schrie Laib und trat den Zögling Gubler in den Hintern. Gubler schrie etwas, das ich nicht verstand. Er erntete einen Fausthieb.

Der Direktor stand hinter Hasler und schaute immer wieder die beiden Reihen an. Dabei schlug er sich mit der Reitpeitsche an den Stiefelschaft.

«Schneller», schrie er plötzlich. «Wir verlieren Zeit, Himmel noch einmal.»

«Jawohl, Herr Direktor», rief Hasler. «Ihr gottverdammten Schwänze, ein bisschen schneller.»

Zehn fehlten. Es wurde dreimal abgezählt. Es blieb dabei: Zehn Zöglinge waren verschwunden. Das grosse Eisentor wurde geschlossen, nachdem der Direktor die Stallmannschaft zur Arbeit geschickt hatte: «Los, ab in den Stall.»

Dann entliess er die Karrer zu den Pferden, dann die Küchenmannschaft und die beiden Zöglinge, die ihm und der Frau Direktor zur persönlichen Verfügung standen. Wir hassten diese beiden Kerle, weil sie sich immer wieder aufspielten bei uns, als ob sie etwas Besseres wären.

«Los, in den Aufenthaltsraum», schrie Hasler.

Wir rannten durch den Anstaltseingang, dann im Korridor nach rechts und setzten uns auf die Stühle im grossen Saal. Der Direktor blieb mit Hasler, Laib und Stucki auf dem grossen Platz. Später kamen sie miteinander in den Saal. Leu, ein Kerngruppenmitglied, schrie: «Aufstehen!»

Wir standen auf.

«Einer soll das Radio abdrehen», sagte Leu.

Die plärrende Musik verstummte.

Der Direktor kam mit Grüter und den Kerngruppenmitgliedern herein. Völlig unnötig brüllte Hasler: «Ruhe.» Es war so still im Saal, dass man das Atmen der Zöglinge hörte. «Zehn Mann sind verschwunden», begann der Direktor, «so viele waren es noch nie an einem Tag.»

Er ging vor uns auf und ab.

«Jedem habe ich bei seinem Eintritt gesagt, dass Uitikon eine offene Anstalt ist. Jeder hat mir schriftlich versprochen, dass er nicht davonlaufen wird. Ich habe Vertrauen gehabt zu euch. Es wurde heute wieder einmal schmählich missbraucht.»

Er machte eine Pause.

«Ich weiss, es gibt immer Schwächlinge, solche, die mit dem inneren Schweinehund nicht fertig werden. Es ist unser

Risiko, dass manchmal einer die Nerven verliert und abhaut. Aber gleich zehn Mann!»

Er schwieg wieder, dann sagte er plötzlich: «Setzen!»

Wir liessen uns auf die Stühle fallen.

«Wir haben die Polizei verständigt», sagte er. «Wir wollen diesmal genau die Hintergründe herausfinden. Vielleicht war es falsch, ein Schwingfest durchzuführen. Ich weiss es nicht. Wir werden in Zukunft härter durchgreifen, wenn etwas passiert. Hier muss Zucht und Ordnung herrschen. Schweinereien wie diese kann ich nicht verantworten, schon gar nicht vor der Aufsichtskommission. Die wird mir jetzt schon genug Schwierigkeiten machen – auch beim Regierungsrat.»

Er ging vor uns auf und ab. Dann blieb er stehen und sagte: «Hasler und Stucki werden alle verhören. Ich will die Wahrheit wissen. Wenn einer etwas weiss, soll er es sagen. Je schneller, desto besser. Klar?»

«Jawohl, Herr Direktor», riefen wir im Chor.

«Gut, das scheint begriffen worden zu sein. Bis zum Nachtessen will ich erste Resultate sehen.»

Er ging aus dem grossen Schulzimmer, und wir hörten, wie er mit raschen Schritten die Anstalt verliess.

Hasler sprach leise mit Stucki, dann starrte er uns hasserfüllt an. «Saubande», brüllte er schliesslich. «Da wird ein schönes Fest veranstaltet, alle können mitmachen, es wird von der Direktion Extra-Süssmost ausgeschenkt, und was tun diese Kaffern? Sie hauen ab. So eine dreckige Bande.» Stucki schaute ihm lächelnd zu. War es Bewunderung oder Spott? «Hört zu», fuhr Hasler fort, «wir können das Verfahren wesentlich abkürzen und damit dem Direktor eine Freude machen, wenn alle, die etwas gesehen haben, sich jetzt sofort melden. Damit können wir auch verhindern, dass das Nachtessen verschoben wird. Ihr wisst, was das bedeutet.»

Nach sieben wurde kein Essen mehr ausgegeben. Wir waren alle hungrig.

Schweigen.

«Also?» forderte uns Hasler auf.

Schweigen.

«Nun, dann werde ich etwas nachhelfen. Ich habe den Verdacht, dass da wieder falsche Gaunerehre im Spiel ist.» Er ging langsam durch die Reihen schweigender Zöglinge. «Lüscher», bellte Hasler unvermittelt. «Du hast Meier und Bollinger gut gekannt, nicht wahr. Schon draussen, wie ich hörte.»

Lüscher, ein Achtzehnjähriger mit Kraushaar, stand auf. Er war rot im Gesicht.

«Nur flüchtig», sagte er unsicher, «sehr flüchtig habe ich sie gekannt.»

«Im Selnau habt ihr doch im gleichen Zimmer geschlafen», stellte Hasler fest.

«Zwei Monate», stotterte Lüscher.

«Nur?»

«Es können auch drei gewesen sein, ich weiss das nicht mehr so genau.»

«Also schon ein bisschen lügen!»

«Nein», schrie Lüscher, «bestimmt nicht, ist schon lange her.»

Hasler sagte langsam: «Letzte Woche hat dir Meier Zigaretten geschenkt. Wofür?»

«Letzte Woche?» stammelte Lüscher und hielt sich am Stuhl fest.

«Jawohl, letzte Woche. Ich weiss es. Mach nicht in die Hosen. Ich weiss alles, was hier passiert. Also?»

Lüscher schwieg. Hasler stand vor ihm, wartete noch einen Augenblick und schlug dann den Zögling ins Gesicht.

«Du hast kein Recht, mich zu schlagen», sagte Lüscher, «du bist auch nur Zögling hier.»

«Wenn man versucht, mir etwas zu verschweigen, dann rutscht mir manchmal die Hand aus», grinste Hasler. «Du kannst dich ja beim Herrn Direktor beschweren. Nachher.»

Beschwerden gegen Hasler hatte es bisher zwei gegeben. Sie waren nie beantwortet worden.

«Also, kotz endlich», sagte Hasler.

Stockend erzählte Lüscher, dass Meier ihn zur Flucht aufgefordert hatte. Zusammen mit Bollinger wollten sie nach Deutschland. Im Panoramaheim in Stuttgart wollten sie sich für die SS anwerben lassen. Viele Schweizer seien von dort aus nach Russland an die Front geschickt worden. «Ich habe es mir gründlich überlegt. Schliesslich sagte ich mir: noch zwei Jahre hier sind besser als tot in Russland. Meier wurde wütend, als ich absagte. Zuerst schlug er mich, dann bettelte er, ich solle niemandem etwas sagen, und schliesslich bot er mir Zigaretten als Schweigegeld an. Die habe ich genommen. Das ist alles.»

«Waffen-SS», höhnte Hasler. «Ihr habt keine Ahnung, was dort los ist. Da gibt's nur Disziplin und nochmals Disziplin. Ein Sauhaufen wie ihr würde ins Konzentrationslager gesteckt, da würden eure müden Glieder geweckt. Wartet's ab. Da werden wir uns auch noch eine Scheibe davon abschneiden…»

Er schwieg einen Augenblick lang, schien nachzudenken. Doch dann kehrte die alte Haslermaske zurück. Er sagte barsch: «Weisst du was, Lüscher? Wir werden dir jetzt die Haare kurz schneiden. Dann kannst du mal darüber nachdenken, was mit Lügnern geschieht. Coiffeur! Haare kurz für Lüscher!»

Lüscher bebte vor Zorn. «Du verdammter Saukerl! Ich habe alles zugegeben. Vielleicht erwischt man die beiden, oder alle zehn auf Grund meiner Angaben. Aber was machst du?» Er äffte Hasler nach: «Haare kurz für Lüscher.» «Halts Maul.»

«So einfach geht das nicht. Wenn du mir draussen begegnest, dann wirst du etwas erleben. Und wenn es Jahre dauert.»

«Du willst wohl noch ein paar Tage in die Zelle?»

Lüscher schwieg und trottete hinter dem Coiffeur her. Schon bald klapperte die von Hand betriebene Haarschneidemaschine.

Hasler rief mich plötzlich auf: «Oberholzer!»

Ich stand auf und schaute ängstlich auf den hageren Zögling.

«Du warst der letzte, der mit Meier und Bollinger gesprochen hat. Am Schwingplatz, kurz bevor sie verschwanden. Pack aus.» Ich wagte kaum zu atmen.

«Ich weiss nichts», sagte ich leise.

«Habt ihr das gehört? Er weiss nichts. Dieses Unschuldslamm.» Er lachte. «Und warum hat Bollinger, ausgerechnet dieser miese, schleimige Kerl, dir Süssmost geholt? Aus Freundschaft, oder hat er dir sonst etwas angeboten?»

«Nein, das war Zufall. Er hat Süssmost für Meier geholt und mich gefragt...»

«Spar dir den Rest», unterbrach Hasler, «du wirst nicht einmal rot beim Lügen.»

Er kam nahe an mich heran. Ich duckte mich.

«Schisshase auch noch», sagte er verächtlich. «Keine Angst, für dich habe ich etwas ganz Schönes.» Er schwieg, umrundete mich einige Male und brüllte dann plötzlich: «Fata Morgana. Zwei Stunden. Hau ab!»

Gelächter kam auf, als ich aus dem Saal rannte.

«Ruhe», hörte ich Hasler rufen.

Ich rannte über den Korridor, die Treppe hinunter und in die Zelle, die «Fata Morgana» hiess. Ich war zum ersten Mal in einer Zelle, wenn auch in einer «leichten». Kurze Zeit später kam Stucki. Er grinste mich an und sagte ruhig: «So, Bürschchen, jetzt lass mal hören.»

«Stucki, ich weiss wirklich nichts. Das mit dem Süssmost war Zufall.»

«So jung und schon so stur; da wird sich die Polizei freuen.»

«Die Polizei?» fragte ich. «Was will denn die Polizei von mir? Ich habe nichts zu tun mit der Sache.»

«Siehst du, da irrst du dich eben. Wir haben gesehen, wie du mit Meier und Bollinger gesprochen hast, und wie sie sich von dir freundlich verabschiedet haben. Du musst etwas gewusst haben. Deine Pflicht wäre es gewesen, sofort zu mir oder zu Hasler zu kommen und uns zu sagen, was die beiden vorhatten.»

«Ich wusste es nicht.»

«Du bist ein stilles Wässerchen; aber sag schon, was du weisst.»

Ich schwieg.

Zweimal schlug er mich ins Gesicht.

Ich sagte aber nichts mehr. Er gab auf.

«Haare kurz», sagte er und stand auf. «Wir werden es noch erfahren, wenn wir die Kerle erst haben.»

Acht der Flüchtlinge wurden in der folgenden Woche von der Polizei zurückgebracht. Zwei kamen nie wieder: Meier und Bollinger. Sie waren über die Grenze entkommen, erreichten Stuttgart und das berüchtigte Panoramaheim.

Zwei Monate nach diesem Fluchttag, als alles wieder normal war, sagte der Direktor nach seinem Morgenspruch: «Meier und Bollinger sind in Russland umgekommen.» Er sagte es nicht einmal bedauernd.

Meine Haare waren in dieser Zeit wieder drei Zentimeter gewachsen.

Fata Morgana

Der Mist wärmte meine Füsse, die grossen Kuhfladen waren noch stallfrisch.

Ich spürte das leichte Ziehen in meiner rechten Fusssohle zuerst kaum. Ich verlegte den Mist fertig, «zöpfelte» den Rand des Stockes sorgfältig, wie Stallmeister Herzig das verlangt hatte, und sprang dann auf die Platte hinunter, wo die Mistkarren standen. Ich streifte mit der Gabel den Mist von den Holzschuhen und ging zum Stall hinüber, als wieder zwei Maschinen vom Typ C 36 über die Scheune donnerten. Ich zog die Schuhe aus, und plötzlich fühlte ich einen stechenden Schmerz in der Sohle. Es war, als ob jemand ein spitzes Eisen hineingebohrt hätte. Ich humpelte in den Stall, setzte mich auf den breiten Sims des Stallfensters. Ich hatte zwanzig Kühe und den Stier zu pflegen. Das gab Arbeit, besonders im Winter.

Ich hatte keine Ahnung, was mit meinem Fuss los war. Ich versuchte auch nicht, es herauszufinden. Oft waren die Fusssohlen von den harten Socken, die mit Garn geflickt waren, entzündet.

Ich riss den Verschluss des Absperrgitters auf, schüttete das Kraftmehl in die Krippe und schob später Heu nach. Dann säuberte ich den Stall, und nach einer kleinen Zigarettenpause begannen wir mit dem Melken. Es wurde wie jeden Abend ein Wettmelken. Stallchef Merk war ein schneller, aber kein sauberer Melker. Er schlug uns fast immer, aber seine Milch hatte einen braunen Schimmer auf dem Schaum. Herzig fluchte ihn an und vergass es wieder.

«Die Euter waren nicht sauber geputzt», versuchte sich Merk herauszureden und damit die Schuld auf einen andern Zögling zu schieben.

Nach dem Melken kam das Saubermachen, die Krippe und endlich die Streu nochmals aufschütteln.

Mein Fuss schmerzte. Die Fussballen waren entzündet. Das sah ich, als ich die Füsse im Stallgang wusch. Ich strich sie mit ein bisschen Melkfett ein und zog die Socken wieder über. Ich schlüpfte in die Halbschuhe, schloss den Futterbarren und ging zu Merk hinüber.

«Noch nicht fertig?» rief ich. Merk, der stark durch die Nase sprach, nuschelte: «Nein, nicht ganz. Wisch noch den Futterweg sauber.»

Ich holte den Besen und wischte den langen Gang zwischen den beiden Krippen. Die Kühe schnauften, einige lagen schon im Stroh und käuten wieder. Ich holte meine gestrickte Jacke, zog sie an, rollte mir eine Zigarette, die ich hinters Ohr steckte.

«Danke», sagte Merk, als er zum Kleiderkasten kam. «Das war eine Hetze heute Abend.»

«Selber schuld, warum willst du jeden Abend Melkerkönig werden», sagte ich und drehte ihm eine Zigarette von meinem Tabak.

Dann kam Stallmeister Herzig, ging durch die Ställe, kontrollierte alles und löschte das Licht.

«Gute Nacht», sagte er in seinem Basler Dialekt und ging durch die Hintertür in den Schweinestall hinüber, wo Trümpler beim Füttern war. Das war jeden Abend sein letzter Gang: zu den Schweinen. Der Schweinehirt hatte genau wie der Hühnerstallchef viele Ausnahmerechte in der Anstalt. Beide waren Mitglieder der Kerngruppe. Sie gingen zu Bett, wann es ihnen passte, und in kritischen Situationen verkrochen sie sich in ihre Ställe, mit der Ausrede, man erwarte Jungtiere. Wenn eine Muttersau ferkelte, dann rissen sich die Zöglinge darum, eine Nacht im Schweinestall zu wachen. Das gab eine Extraration Burrus. Die Wache war notwendig, weil sich die Mutterschweine oft auf die frisch geworfenen Ferkel legten und sie erdrückten. Eine Packung Burrus und eine Zwischenverpflegung, das liess man sich nicht entgehen!

Auf dem Vorplatz der grossen Scheune zündeten wir unsere Zigaretten an und gingen langsam zur Anstalt hinauf. Wir hatten noch eine gute Stunde Freizeit.

«Was hast du, warum hinkst du?» fragte mich Merk.

«Irgendeine Entzündung!» sagte ich. «Kommt wohl von den verdammten galvanisierten Socken.»

«Wie gehabt», sagte Merk. «Wird morgen wieder besser sein.»

Wir gingen schneller, die Kälte drang durch die dünnen Anstaltskleider, die für den Sommer geschneidert schienen.

Merk blieb im Schuhraum. Ich ging ins Aufenthaltszimmer, angelte mir den «Tages-Anzeiger» und las Kriegsberichte. Winter in Russland und das Siegesgeschrei der Deutschen. Luftangriffe der Engländer und Niederlagen der Amerikaner gegen die Japaner. Der Krieg drang nicht wirklich in die Anstalt. Wir hatten keine Zeit, uns mit ihm zu beschäftigen, er machte uns auch keine Sorgen.

Ich blätterte um, las Unglücksfälle und Verbrechen; dann hatte ich die Leserei satt. Ich rauchte noch eine Burrus, versuchte mit einem Zögling ein Gespräch anzufangen, der rief bald einmal: «Leck mich doch am Arsch, lass mich in Ruhe!»

Der Winter war eine schlechte Zeit in der Anstalt. Das dauernde Frieren machte die Zöglinge wütend und gereizt. Es war wie mit der grossen Hitze im Sommer. Nur konnte man im Sommer wenigstens etwas trinken. Im Winter gab es den ganzen Tag über keinen heissen Tee. Immer diesen verdünnten Süssmost!

«Wetter für Knechte: entweder frieren oder arbeiten», spottete Fröhlich, wenn einer über die Kälte fluchte. Ich sass da, die Augen fielen mir zu, ich war hundemüde, und morgen früh musste ich wieder um Viertel nach drei aufstehen. Das ging jeden Tag so.

Der Schmerz in meinem Fuss wuchs. Ich spürte ein schwaches Pochen und einen leichten Druck auf der rechten Leiste. Ich wollte am nächsten Tag den Fuss noch einmal waschen. Am besten mit warmem Wasser, mit dem ich das Milchgeschirr reinigte, dann nochmals mit Melkfett einreiben, und in ein paar Stunden würde ich nichts mehr spüren. Ich hörte, wie Schmid, Kerngruppenmitglied mit reichen Eltern, im Schulzimmer Dixiejazz auf dem Klavier spielte. Mittendrin der Zapfenstreich. Ich stand auf und spürte einen scharfen Stich im Fuss. Ich humpelte die Treppe hinauf und in den Waschraum. Kerngruppenmitglied Laib verteilte Zahnpasta und das verhasste Gurgelwasser.

«Hinkebein, zu faul zur Arbeit, wie?»

Ich gab keine Antwort, putzte meine Zähne und ging ins Bett.

Hasler schaute herein und fragte: «Fehlt dir etwas?»

«Nein», sagte ich müde und teilnahmslos.

«Komm heraus!» rief er.

«Warum, ich bin schon im Nachthemd.»

«Komm heraus, aber hink nicht.»

Ich versuchte, so normal wie möglich zu gehen. Es schmerzte, aber ich verzog keine Miene.

«Los, auf den Korridor.»

Ich ging an ihm vorbei, da stellte er mir blitzschnell das Bein, ich flog in den Korridor. Die Zöglinge lachten.

«Tut's weh?» fragte er.

«Nein, überhaupt nicht», sagte ich, ging ins Bett zurück und drehte mich zur Wand. Der Zimmerchef brüllte: «Ruhe!»

Das Licht erlosch. Da begannen die Schmerzen; sie zogen das Bein hinauf. Ich drehte mich auf die andere Seite, ich legte mich auf den Rücken. Ich tastete nach der schmerzenden Leiste und spürte einen kleinen Knoten. Ich legte mich auf den Bauch. Es schmerzte, und ich stöhnte.

«Ruhe», brüllte der Zimmerchef. «Verdammt, wir sind kein Spital!»

«Diese verdammten Schmerzen. Ich halte das nicht mehr lange aus!» stiess ich hervor.

Das Licht ging an. Zimmerchef Käui setzte sich im Bett auf. Er schaute blinzelnd zu mir herüber. «Was ist los?»

«Ich habe furchtbare Schmerzen im rechten Fuss.»

«Deswegen brauchst du nicht alle zu wecken.»

«Leck mich am Arsch», schrie ich. «Ich habe Schmerzen, und jetzt stehe ich auf.»

«Gut. Aber raus. Wir wollen keine Jammerlappen im Zimmer.» Er sah mich zornig an, als ich an seinem Bett vorbeiging. Einen Augenblick lang stand ich still. Dann ging ich mit einer Grimasse hinaus.

Die Lampe bei der Treppe brannte. Es war still, und die wenigen Geräusche tönten weit weg. Ich humpelte zur Treppe und stieg langsam hinunter. Kein Mensch war zu sehen. Die Tür beim Schuhraum ging auf. Landert, der Angestellte, der Abenddienst hatte, kam in den Gang, drehte sich um und ging wieder hinaus, als ob er etwas vergessen hätte. Hasler kam auf leisen Sohlen vom Aufenthaltsraum her.

«Was machst du hier?» fragte er.

«Ich habe Schmerzen in dem verdammten Fuss.» Ich wusste, dass Flüche ihn beeindruckten. Fluchende Zöglinge hatte er gern.

«Zeig her.»

Ich zeigte.

«Man sieht aber nichts.»

«Dafür spürt man es umso mehr, verflucht nochmal.»

Ich hatte Landert nicht kommen gehört. Er sagte plötzlich neben mir: «Was ist denn mit dem Herrn Oberholzer los?»

Er hatte die Gewohnheit, beim Sprechen mit dem rechten Fuss aufzustampfen. Es tönte wie ein Schuss, als er jetzt die Schuhsohle auf den Korridorboden knallte.

Landert war ein Bauernsohn, der sein landwirtschaftliches Praktikum in der Anstalt absolvierte. Er war klein, untersetzt und trug einen Bürstenschnitt. In der Armee war er Kavallerieleutnant, hiess es. Er ritt viel mit dem Direktor aus, vor allem am Sonntag. Wir mochten ihn nicht. Er war rau und fast immer schlecht gelaunt. Er schlug die Zöglinge wegen jeder Kleinigkeit und nannte sie alle Verbrecher und Lumpenhunde. Wenn zwei Zöglinge tuschelten, dann trieb er die beiden auseinander und trat den, den er gerade erwischte, in den Hintern.

Er sah mich an. In seinen Augen lag Misstrauen.

«Ich habe gefragt, was hier los ist?»

«Mein Fuss. Er schmerzt und ist entzündet.»

«Fuss? Welcher Fuss?»

«Der rechte.»

Er schaute nicht einmal nach.

«Du verdammter Simulant. Du möchtest wohl ausschlafen?»

«Er schmerzt wirklich.»

«Immer diese Scheisslügen. Hau ab und lass dich nicht mehr blicken! Auf Nachtruhestörung steht Zelle, das weisst du genau!»

«Aber ...»

«Hau ab», mischte sich jetzt Hasler ein, «sonst geht es dir schlecht.»

Es hatte keinen Sinn. Ich humpelte die Treppe hinauf, und Landert brüllte mir plötzlich nach: «Ein bisschen schneller!»

Ich hielt es nicht lange im Bett aus. Das Bein schien zu brennen, es war, als ob Flammen daran leckten. Ich stand wieder auf, der Zimmerchef fluchte erbärmlich: «Du Scheisskerl, kein Mensch kann schlafen wegen deinem Gejammer. Halt endlich das Maul.»

«Leck mich», flüsterte ich mit zusammengebissenen Zähnen und ging wieder hinunter.

Landert schaute einen Augenblick erstaunt, dann verfinsterte sich sein Gesicht.

«Schau mal den an», sagte er zu Hasler. «Herr Simulant ist wieder im Anmarsch.»

«Das muss ein besonders schwerer Fall sein», höhnte Hasler.

«Kann es werden», sagte ich. «Ich glaube, ich habe eine Blutvergiftung.»

«Was, was sagst du? Eine Blutvergiftung? Du spinnst wohl.»

«Ich spinne nicht. Ich habe einen grossen Knoten auf der Leiste, und das Bein brennt wie Feuer.»

«Du glaubst doch nicht, dass ich dir das abnehme? Du bist seit langem ein gottverdammter Lügner. Deswegen bist du ja auch hier, das weiss man.»

«Lass nur», unterbrach ihn Landert. Er sah mich an und sagte dann ruhig: «Ich werde dich ins Krankenzimmer bringen.»

Die Anstalt hatte doch kein Krankenzimmer! Ich blieb stehen und wartete. Landert ging in die Schlüsselkammer neben der Schneiderei. Als er zurückkam, trug er den grossen Schlüssel zur Fata Morgana in der Hand.

«Das dürfen Sie nicht. Das ist gegen die Vorschriften. Das ist ein verdammter Beschiss!»

«Hartnäckige Simulanten sind ansteckend und eine Gefahr für Arbeitswillige», sagte er.

«Los, marsch, in die Fata Morgana!»

«Da hat's kein Bett», protestierte ich.

«Weiss ich», gab er zurück. «Simulanten brauchen kein Bett.»

Dieser kleine, arrogante Bauernscheisser. Dieser Idiot. Er drehte sich um. «Zähle bis drei.»

Das war seine Masche. Es knallte immer sofort, wenn er drei gesagt hatte.

«Eins, zwei, drei.»

Ich überlegte kurz, ob ich mich wehren sollte. Es war sinnlos. Mit einem mächtigen Sprung war er bei mir, der Korridor schien zu platzen, und ich spürte, wie mir das Blut aus der Nase lief. Hasler schrie: «Dieses Schwein versaut den ganzen Korridor.» Landert schlug mir die Faust in den Magen. Ich klappte zusammen und liess mich langsam am Treppengeländer hinuntergleiten.

«Nun?» fragte er gedehnt.

«Ich werde mich beschweren», sagte ich und leckte das Blut von meinen Lippen.

Er versetzte mir einen Fusstritt.

«Beschweren?» grinste er. «Nur zu. Aber erst mit kurzem Haar. Das macht mehr Eindruck.»

Ich streckte ihm die Zunge heraus.

Er sagte zu Hasler: «Bring ihn hinunter. Aber fass ihn nicht mit Glacéhandschuhen an.»

Hasler packte mich am Nachthemd und schleifte mich die Treppe hinunter.

«Ich kann selber gehen», wehrte ich mich, aber sein Griff war eisern. Hasler war in seinem Element. Wenn's ums Quälen ging, dann lebte er auf.

«Du verdammter Hosenscheisser, ich werde dir beibringen, wie man mit einem Angestellten umgeht», sagte er und trat mich in den Hintern. Ich flog in die Zelle, er schlug die Zellentür zu, kam aber bald mit der Haarschneidemaschine wieder.

«Du wirst mir doch nicht die Haare kurz schneiden?»

«Glaubst du, wegen dir holen wir den Coiffeur aus dem Bett? Ich werde dir einen Haarschnitt verpassen, wie du ihn nie mehr haben wirst, in deinem ganzen beschissenen Leben nicht.»

Er schor mich kahl, dann schloss er die Zellentür ab. Er schaute noch einmal durch das kleine, runde Guckloch. Ich strich mit der Hand über meinen borstigen Schädel.

Das Licht erlosch. Es war eisig in der Zelle. Hoch oben unter der Decke stand das vergitterte Fenster offen, 50 auf 50 Zentimeter. Ich stieg auf den Tisch und versuchte, es zu schliessen. Ich erreichte es nicht. Zudem war es mit einer Kette angebunden.

Mein Bein schmerzte. Ich sass in der Falle. Ich konnte schreien, toben, so viel und so laut ich wollte, Landert würde mich auf keinen Fall herauslassen. Im Gegenteil: Er würde mich noch einmal verprügeln. Ich setzte mich auf den Tisch. Meine Augen gewöhnten sich an das Dunkel, der Wind pfiff durch das Gitter des Zellenfensters. Die Kälte frass sich in meinen Körper. Langsam wich der Schmerz aus meinem Bein, zog sich in den Fuss zurück und erlosch. Aber auch das linke, das gesunde Bein, war gefühllos.

Ich fing an zu heulen wie ein Hund. Lang gezogen, in gleich bleibenden Abständen. Dazwischen horchte ich. Kein Laut. Die Anstalt war wie ausgestorben.

Ich gab das Heulen auf. Nach einer Weile schrie ich: «Mörder!» Ich zählte im Sekundentempo auf sechzig, dann schrie ich wieder «Mörder», bis ich sechzigmal Mörder geschrien hatte. Eine Stunde musste verstrichen sein.

Schritte im Korridor. Licht flammte auf. Der Schieber vor dem Guckloch wurde weggeschoben, ein Auge erschien. Es war Hasler. Ich hob das rechte Bein und streckte wortlos meinen Fuss gegen das Guckloch. Die Sohle war gelb, voll Eiter. Er musste es sehen. Ich senkte den Fuss und streckte dem Auge die Zunge heraus. Ich wollte, dass er hereinkam. Es war meine letzte Chance. Das Auge verschwand, der Schieber zuckte zurück, im Schloss wurde knirschend der Schlüssel gedreht, die Tür schwang auf, Hasler kam herein.

Er trug einen warmen Pullover und eine Schärpe um den Hals. «Hasler, ein einziges Mal solltest du einem Zögling helfen, nur ein einziges Mal. Ich bin halb erfroren, mein Fuss ist voll Eiter. Überleg genau, was du tust. Du kannst dir beim Alten Lorbeeren holen, wenn du mich nicht verrecken lässt.» Er schien zu überlegen.

«Schluss mit dem Vortrag», sagte er. «Du stirbst nicht. So jung stirbt man nicht wegen ein bisschen Kälte.»

«Aber der Fuss!»

«Ach, Scheissdreck. Dein Fuss ist gesund. Eine kleine

Entzündung, wie wir sie von den verdammten galvanisierten Socken haben.»

Er wagte es nicht, mich anzurühren. Er war unsicher, ich sah, wie er nervös die Hände faltete, dann ballte und wieder faltete.

Er sagte plötzlich ruhig: «Halt dein blödes Maul, du weckst die ganze Anstalt. Du kannst froh sein, dass Landert dich nicht gehört hat. ‹Mörder› zu rufen, das ist ja wohl der Gipfel der Frechheit.»

«Vor allem Landert soll wach werden. Was wird er morgen sagen, wenn etwas schief geht? Was wird er zusammenlügen?» Hasler drehte sich um und ging zur Tür. «Mich fängst du nicht mit deinem Gejammer. Mich bringst du nicht in den Scheissdreck, du nicht. Und wenn morgen früh etwas mit dir nicht in Ordnung ist, dann habe ich nicht einmal gewusst, dass du in der Zelle gewesen bist.»

Ich versuchte, ihm nachzuhumpeln, aber die Beine gehorchten mir nicht, ich fiel zu Boden. Die Tür war schon wieder zu, als ich aufblickte. Das Licht ging aus, ich hörte, wie er sich entfernte. Tränen rannen über mein Gesicht. Mich packte die Wut. Ich riss den Tisch auseinander und schlug das Geländer vor dem Podium in kleine Stücke. Schweiss lief mir über den Rücken. Die Bise orgelte noch immer oben im Fenstergitter.

Ich war erschöpft. Ich hielt ein Stuhlbein in der Hand. Ich war entschlossen, auf den ersten besten einzuschlagen, der die Zelle betrat. Eine Zelle mit Bett, das war meine Chance. Ich versuchte zu schreien. Vielleicht hörte mich der Stallmeister Herzig. Ich hörte, wie die Stallmannschaft draussen vorbeiging. Sie hörten mich nicht. Es war kalt, sie rannten in den warmen Stall.

Ich legte mich auf den Boden. Ich träumte wirres Zeug. Die Zelle stand in Flammen, Schneemassen stürzten auf mich. Ich schrie und erwachte halb, drehte mich herum.

Wieso ist das Geländer wieder ganz? Ich schlug mit dem

Stuhlbein danach. Ich schlug und schlug, es hallte und krachte...

«Hör auf, hör auf!» Das war die Stimme Haslers. Ich öffnete die Augen, er stand über mir, einen Kessel in der Hand.

«Du Mistkerl», hörte ich ihn sagen, dann platschte kaltes Wasser über mein Gesicht, rann über meinen Körper, ich versuchte aufzustehen.

«Du Scheisskerl hast die ganze Anstalt geweckt.»

Ich erwachte erst richtig in einer der vorderen Zellen. Es war mir gleich. Sie hatten mich aus der Fata Morgana herausgeholt. Ich öffnete die Augen, schloss sie aber sofort wieder: Landert stand an meinem Bett.

Er musste gesehen haben, dass ich wach war. Er kam ganz nahe heran. Ich drehte mühsam den Kopf zur Wand. Ich sah den Schatten an der Wand: Er hob die Hand. Sollte er mich schlagen, es war mir gleichgültig.

«Du wirst die ganze Einrichtung bezahlen, da sorg' ich dafür», hörte ich ihn sagen. Es wurde wieder dunkel, die Träume begannen wieder. Dann kamen die Schmerzen in beiden Beinen, als das Blut wieder pulsierte. Ich erwachte und schrie. Ich bäumte mich auf. Hasler hielt mich nieder. Landert schlug mir ins Gesicht.

«Hör auf, hör endlich auf zu schreien.»

Hasler drückte mir die Hand auf den Mund. Ich versuchte, ihn zu beissen; aber ich war zu schwach. Er drückte mich aufs Bett zurück. Landert zog ihn aus der Zelle.

Einmal hörte ich die Geräusche der Anstalt. Die Hausmannschaft, die die Korridore fegte. Türen wurden zugeknallt, Kessel geräuschvoll abgestellt. Jemand fluchte laut. Wasser rauschte in den Leitungen.

Ich begann wieder zu heulen. Die Schmerzen waren überall, im ganzen Körper. Die Zellentür wurde plötzlich aufgerissen, der Direktor stürmte herein, hinter ihm Landert und Hasler.

«Was ist mit dir los, Oberholzer?» fragte der Direktor und beugte sich über mich. «Warum hast du die Haare kurz?»

Blöde Frage, dachte ich.

«Hörst du mich?»

«So ging es die ganze Nacht. Er sagt nicht, was ihm fehlt», log Landert. Der Direktor setzte sich aufs Bett. Er drehte mich langsam zu sich herum und versuchte, mir in die Augen zu sehen. Ich wehrte mich nicht, hielt aber die Augen geschlossen.

«Warum sagst du nichts, Oberholzer?»

Er legte die Hand auf meine Stirn. «Der Kerl hat Fieber. Holen Sie den Sanitäter.» Landert ging.

«Mein Fuss», sagte ich. «Er tut grauenhaft weh.»

Er stand auf und schlug die Decke zurück. Er hob mein Bein und betrachtete die Fussohle. «Komisch sieht das aus. Gelb und schwarz.»

Der Sanitäter weigerte sich, am Fuss etwas zu machen. «Da muss sofort ein Arzt her. Die Verantwortung kann ich nicht übernehmen. Die Leistendrüsen sind steinhart.»

Der Arzt kam schnell. Er behandelte den Fuss, sprach eine Zeitlang von Spital, gab es aber nach dem heftigen Widerstand des Direktors auf. Ich hörte der erregten Diskussion lange zu.

Der Alte hat Angst, dachte ich. Dann schlief ich ein. Ich döste manchmal; aber ich wusste, dass ständig einer am Bett sass. Es war Bleuler, ein Aspirant, der mir auch das Essen brachte. Ich nahm nur ein paar Löffel Suppe.

Ich sagte einmal leise: «Bleuler, hör zu.»

«Redeverbot vom Direktor», antwortete er knapp.

In der folgenden Nacht schlief ich tief und traumlos, nachdem der Arzt nochmals bei mir gewesen war und die Wunde am Fuss neu verbunden hatte.

«Das Schlimmste ist überstanden», sagte er unfreundlich.

«Mit einer Blutvergiftung ist nicht zu spassen. Du hättest das sofort melden müssen.»

Ich wollte etwas sagen, aber der Arzt sagte kurz: «Ist schon gut.» Am nächsten Morgen halfen sie mir in mein Zimmer. Hasler und Laib brachten mich hinauf. Sie gingen wortlos, nachdem ich im Bett lag. Kurz nach elf kam Landert. Er schloss die Tür hinter sich.

«Du hast keine Chance, Oberholzer», sagte er. «Wir haben dem Direktor die Geschichte erzählt. Wir haben von deinem Fuss gar nichts gewusst. Hättest du es gestern gesagt, hätten wir sofort einen Arzt geholt. Du bist selbst schuld, dass es dich beinahe erwischt hat. Erzähl ja keine andere Geschichte. Kein Mensch wird dir glauben. Alle wissen, dass du ein verdammter Lügner bist.»

Ich setzte mich im Bett auf.

Er ging rückwärts zur Tür. Er machte sie auf und blieb stehen: «Gute Besserung.»

Es gab nie eine Untersuchung. Die Erklärung, warum ich die Haare kurz hatte, blieb aus. Der Direktor fragte mich nie mehr, was eigentlich gewesen sei. Er stellte auch dem Arzt keine Fragen.

Die Zöglinge, denen ich die Ereignisse jener Nacht wahrheitsgetreu erzählte, lachten mich aus: «dieser blöde Spinner!»

Hoffnung

«Bernie, zum Direktor.» Der neue Speisesaalchef und Präsident der Kerngruppe holte mich aus dem grossen Aufenthaltszimmer. «Der Alte will mit dir reden.»

Ich ging an ihm vorbei. Seit Hasler, Stucki und Laib entlassen waren, hielt Kümin vielfach im Schuhraum Hof. Er war klein, untersetzt und schon 24 Jahre alt. Raubüberfall in Bern. «Tätige Reue» hatte ihm nur Uitikon eingebracht. «Die drohten mir, ich würde sofort nach Witzwil versetzt, falls ich hier nicht gut tun würde», hatte er geprahlt, als er einige Monate in der Anstalt war. Hasler hatte ihn protegiert, ihn vom Aspiranten zum Kerngruppenmitglied gemacht, eine der letzten Taten Haslers, teuer bezahlt mit echten Parisiennes.

«Vielleicht kommst du noch in die Kerngruppe, in deinen alten Tagen», hänselte er, als ich durch den Korridor ging. «Leck mich», sagte ich. «In euren Verein würde ich nicht einmal gratis eintreten.»

Ich ging durch das Anstaltstor. Der Abend war strahlend, Hochsommer, die Arbeit auf den Feldern nach Fröhlichs Geschmack. Der Bindemäher rasselte den ganzen Tag. Zöglinge standen auf den Getreidewagen und luden Fuder um Fuder. Die Sonne brannte, der verdünnte Süssmost vermochte kaum den Durst zu löschen. Traktoren röhrten auf den Feldwegen, grosse Staubfahnen wirbelten auf, wenn die aneinander gekoppelten Fuder zur Scheune gefahren wurden.

Ich ging über den Platz, die Schlosstür stand offen. Der Direktor sass hinter dem vergitterten Fenster seines Büros und winkte mir. «Also, Bernie», begann er, «du wirst in zwei Monaten entlassen, das weisst du. Es sieht allerdings nicht so rosig aus, wie wir gedacht haben. Die Vormundschaftsbehörde wollte dich noch einige Jahre hier lassen. Meiner Ansicht nach hat das keinen Zweck. Ich bin nicht begeistert von dir. Ein bisschen mehr Mühe, und du wärst in die Kerngruppe aufgenommen worden. Aber du hast es nicht einmal bis zur Aspirantengruppe gebracht. Ein schlechtes Zeichen. Was meinst du?»

Was sollte ich sagen?

Er fragte noch einmal: «Was meinst du?»

«Ich weiss nicht, ich glaube, ich habe immer gearbeitet.»

«Darüber wollte ich nicht mit dir sprechen. Dein Vormund möchte dich sehen.»

«Mein Vormund?»

«Ja, dein neuer Vormund.»

«Was ist mit Herrn Zangger?»

«Er ist vor einem Jahr gestorben. Lehrer Hassler von eurem Oberdorf ist sein Nachfolger, du kennst ihn?»

«Nein.»

«Das ist auch gleich. Du fährst am nächsten Sonntag zu ihm.»

Bachtann kannte mich nicht mehr. Auch ich hatte keine Beziehung mehr zu diesem Dorf. Erinnerungen flatterten noch auf, aber es war zu viel Zeit vergangen. Es gab nichts mehr, an das ich mich hätte erinnern können. Die Leute wunderten sich, als ich plötzlich wieder da war.

Papa war älter geworden. Er ging leicht gebückt. Er begrüsste mich herzlich, aber auch er war nicht mehr derselbe. Er schaute mich nur an, drückte kurz meine Hand und sagte: «Mutter, Bernie ist gekommen.»

Mutter hatte weisses Haar und schien noch schlechter zu sehen. Sie sagte: «Wir haben nicht gewusst, dass du kommst, ich meine wegen dem Mittagessen.»

«Ich esse nicht bei euch, ich muss zu meinem Vormund. Warum hat man mir nie geschrieben, dass Herr Zangger gestorben ist?»

«Das war nicht unsere Sache, die Behörden hätten schreiben müssen. Der Hassler ist jetzt dein Vormund, nicht wahr?»

Ich ass bei Senn Honegger im «Frohsinn». Er erkannte mich nicht gleich. Erst nach einer Weile trat er an den Tisch und sagte: «Du bist doch der Bernie, nicht wahr? Ich hab' dich fast nicht mehr erkannt, so gross bist du geworden. Was machst du da?»

«Ich bin nur heute hier.»

«Und sonst – immer noch?»

«Ja, noch zwei Monate.»

«Und dann?»

«Fragen Sie Hassler, der weiss es.»

«Es geht mich auch nichts an, ich dachte nur, ich könnte dich brauchen in der Käserei.»

«Sie würden mich nehmen?»

«Warum nicht? Ich habe es sowieso nicht verstanden, was sie mit dir gemacht haben. Aber der Zangger hat dich einfach nicht gemocht. Als man erzählte, du hättest gestohlen und einen Mann fast erschlagen, da hab' ich es einfach nicht geglaubt. Einmal haben sie hier Sitzung gehabt. Dein Pflegevater hat Zangger angeschrien, er hat getobt, und erst als er ihm versprach, es werde dir in der Anstalt gut gehen, beruhigte er sich ein bisschen. Aber in die Anstalt hast du doch gemusst, nicht wahr?»

«Ja.»

«Und – es geht mich zwar nichts an, aber ich möchte wissen: Hast du wirklich einen fast umgebracht?»

«Ich? So ein Blödsinn. Ich habe es zwar gesehen, aber ich hatte nichts damit zu tun. Es war ein verrückter Zögling. Sie haben ihn ins Burghölzli gebracht, aber das ist lange her. Jetzt möchte ich Sie etwas fragen: Wie ist der Hassler? Ist er besser als der Zangger?»

«Mach dich eher auf das Schlimmste gefasst. Er ist ein arroganter Stadtberner, so einer, der glaubt, er sei besser als andere Leute. Etwa so wie der Lehrer Amsler. Ein Fröntler auch, aber das ist ihm inzwischen vergangen. Der Amsler ist übrigens gestorben.»

Ich ass meinen Wurstsalat, trank den unverdünnten Süssmost und rief: «Zahlen.»

Die Serviertochter kam, starrte mich an und rief: «Schau einmal da, der Bernie ist wieder im Land.»

Sie war eine ehemalige Schulkameradin, die ich nie gemocht hatte. Ich hatte sogar ihren Namen vergessen.

«Gehst du immer noch zu den Täuferstündchen?» fragte ich sie fast grob.

«Seit Krieg ist, hat man Wichtigeres zu tun. Ich heirate auch bald, den Franz vom Tammel, du kennst ihn.»

Ich erinnerte mich nur schwach an den armen, kleinen Bauernbuben, der mir immer die Schellen für den Schulsilvester gegeben hatte.

«Kommst du wieder heim?» fragte sie.

«Nein, ich möchte zahlen.»

Sie rechnete lange, bis sie endlich darauf kam, was der Wurstsalat und der Süssmost zusammen kosteten. Ich zahlte und legte Mahlzeitencoupons dazu.

«Danke. Stimmt es, dass du im Zuchthaus gewesen bist, wie die Leute erzählen?»

«Nein, du kannst allen sagen, dass ich drei Jahre in der Arbeitserziehungsanstalt in Uitikon war, und warum, das wusste nur der Zangger.»

«Soso, in der Anstalt warst du.»

Ich ging hinaus. Senn Honegger stand bei der Sennhütte. Als ich vorbeiging, sagte er: «Wenn's dir nicht gefällt an der neuen Stelle, dann komm ruhig zu mir, wir würden uns sicher vertragen.»

Er lächelte freundlich.

Mein neuer Vormund wohnte im grossen, neuen Schulhaus. Ich schellte. Hassler machte selber auf. Er bot mir einen Stuhl an. Seine Frau rief aus der Küche: «Der bleibt aber nicht zum Essen!» «Nein!» rief er zurück. Hassler zündete sich einen Stumpen an und sagte: «Du wirst bald entlassen. Ich habe eine Stelle für dich. Es war nicht leicht. Die Leute haben nicht gerne solche Kerle um sich. Und dass du es gleich weisst: Wenn das Geringste geschieht, dann ist es aus und vorbei. Die Stelle ist in Gossau bei zwei Brüdern. Sie haben einen grossen Hof, da wirst du Arbeit genug haben. Ich gebe dir keine Ratschläge. Ich wollte diese Vormundschaft sowieso nicht übernehmen, aber sie haben mich dazu gezwungen. Deine Akten sind schlecht. In der Anstalt hast du auch nur das Nötigste gemacht. Eigentlich wollten wir dich noch ein, zwei Jahre dort lassen. Aber der Direktor hat uns abgeraten.»

Er schwieg.

«Ich sollte Kleider haben», sagte ich.

«Verdien zuerst, dann kannst du dir selbst Kleider kaufen.»

«Wie sieht's mit dem Lohn aus?»

«Sechzig Franken im Monat. Ich habe den Bauern gesagt, dass sie den Lohn mir schicken sollen. Ich werde ihn verwalten.»

«Und wie soll ich Kleider kaufen?»

«Das wird die Bäuerin tun. Arbeitskleider hast du, das ist das Wichtigste. Und nun fahr gleich nach Gossau. Ich habe sie angerufen und gesagt, dass du kommst.»

«Essen», rief die Frau aus der Küche.

«Adieu», sagte ich.

Mit der Bahn fuhr ich nach Wetzikon und stieg dort in die alte Wetzikon-Meilen-Bahn um.

Ich fragte mich zur Tägernau durch. Es war fast eine Stunde zu gehen.

Die Bauern empfingen mich freundlich. Ein älterer Mann sass auf der Bank vor dem Haus und versuchte, einen Knopf an seiner Überbluse anzunähen.

«Das ist Jakob, unser alter Knecht», sagte einer der Bauern. Er war älter als sein Bruder, hatte helle, freundliche Augen und lächelte.

«Wir können einen tüchtigen Burschen brauchen. Mit Jakob allein kommen wir fast nicht mehr zurecht.»

«Ich werde mir Mühe geben», sagte ich. Auch der jüngere Bauer war freundlich und zeigte mir den Hof.

«Du hast es schwer gehabt», sagte er, als wir aus dem Kälberstall gingen. Ich nickte.

«Du wirst es gut haben bei uns, wenn du fleissig bist.»

Sie wollten vieles über die Anstalt wissen, aber ich erzählte nichts.

Ich sass neben Christen, dem Älteren, beim Abendessen.

«Greif zu», sagte er. «Iss, so viel du magst. Wenn du dann da bist, wirst du immer neben mir sitzen.»

Ich war überrascht, wie gut das Essen war. Die Frau schob mir immer wieder Speck, dann Kuchen und Kaffee zu.

«Iss», sagte sie.

Ich ging; die Leute standen vor der Scheune und winkten.

Eine Hoffnung stieg in mir auf. Ich freute mich plötzlich auf die Entlassung.

Die Ernte in der Anstalt war vorbei. Die Felder lagen brach und staubig. Die Freude über meine Entlassung war grösser geworden. Für den 1. August hatte ich ein kleines Festspiel über die Gründung der Eidgenossenschaft geschrieben. Es hiess «Freiheit». Ich führte Regie und spielte den Landammann Stauffacher. Wir führten es auf dem grossen Platz bei den Linden auf. Die Angestellten waren begeistert, der Direktor lobte mich. Die Zöglinge lachten mich aus. «Scheissstück», sagten sie. «Freiheit!»

Es machte mir nichts aus. Nur noch einen Monat, dachte ich. Ich zählte Tage und Stunden, arbeitete auf dem Feld, träumte jede Nacht von meiner Freiheit.

Eines Tages beim Mittagessen kam Speisesaalchef und Kerngruppenanführer Kümin zu mir und sagte: «Also morgen, he?» «Ja», sagte ich.

«Du sollst zum Direktor.»

Ich ging hinaus und über den grossen Platz.

Der Direktor sass hinter dem Schreibtisch. Ich sah ihn durch das Fenster, das halb offen stand. Er hatte den Kopf aufgestützt und las in einem Bericht. Erst vor einer halben Stunde war ein Neuer gekommen. Vermutlich waren das die Einweisungspapiere. Drei Jahre, der arme Kerl!

«Nimm Platz», sagte er, ohne aufzublicken. «Die Bauern von Gossau nehmen dich. Einer von ihnen hat angerufen und gesagt, er habe einen guten Eindruck von dir. Hoffentlich täuscht er sich nicht.»

«Ich kann dort am Tisch essen», sagte ich, «und Schläge werde ich auch nicht bekommen, das ist schon viel.»

Er lachte.

«Wenn ich daran denke, wie du hierher kamst, verschüchtert und voller Angst. Aber jetzt bist du bald zwanzig Jahre alt, da sollte man keine Angst mehr haben.»

«Herr Direktor, gibt es für Entlassene immer nur Stellen bei Bauern? Gibt's keine andere Chance, zum Beispiel Fabrik, oder sonst was?»

«Du hast nichts gelernt, du kannst zwar melken, du kannst Verschiedenes im Stall, aber mehr eben nicht. Das Erste, was ein Zögling draussen tun soll, ist arbeiten. Arbeit adelt, falls du das nicht wissen solltest. Später kannst du vielleicht selber einmal einen Hof übernehmen, wenn du sparsam bist.» Ich lachte.

Er zog die mittlere Schublade heraus.

«Du bekommst noch Geld. Nicht viel, aber für den Anfang sollte es reichen. Wenn du in der Kerngruppe gewesen wärst, hättest du mehr bekommen.»

Ich las die Abrechnung. Ich hatte in den drei Jahren 190 Franken verdient. Die Hälfte hatte ich für Zigaretten und die zwei Urlaubstage gebraucht.

Ich unterschrieb. Er gab mir 86 Franken und 25 Rappen. «Damit ist dein Fall für uns abgeschlossen. Du arbeitest noch bis drei Uhr, dann meldest du dich bei Kümin. Alles, was du hier gehabt hast, die Kleider und Schuhe, reinigst du und gibst sie ihm ab. Er wird dir deine Privatkleider geben. Klar?»

«Ja, Herr Direktor. Vielen Dank.»

Das Glöcklein der Kirche Uitikon läutete um drei Uhr Vesperzeit. Ich warf zuerst den Kartoffelkorb und danach die Hacke hoch in die Luft. «Fertig, fertig», schrie ich immer wieder.

«Spinn nicht gleich», grinste Fröhlich, «hau ab in die Anstalt.»

Ich meldete mich ab. Zum letzten Mal.

Alles schien anders.

Kümin wartete vor der Kleiderkammer.

«Ah, der Herr Oberholzer», sagte er. «Los, putz deine Lumpen, ich hab' nicht viel Zeit. Mach alles fertig und bring es in die Kammer. Dann wird geduscht.»

«Ich möchte zuerst eine Zigarette rauchen», sagte ich.

«Rauchen? Während der Arbeitszeit? Du bist wohl übergeschnappt.»

«Du hast vergessen, dass ich fertig bin. Der Direktor hat schon abgerechnet.»

«Trotzdem ...»

«Kümin, sei friedlich, rauch eine mit, ich schenk dir eine.»

Er nahm die Burrus, die ich ihm rollte.

Am Abend ging ich zweimal um die Anstalt. Ich verabschiedete mich von Stallmeister Herzig, der mir alles Gute wünschte.

«Komm nicht mehr zurück, trag Sorge zu dir», sagte er.

«Danke», sagte ich und ging. Ich starrte zu dem Anstaltsgebäude hinauf, zu den vergitterten Fenstern der Zellen, der Fata Morgana, zum Aufenthaltsraum. Drei Jahre war ich da gewesen. Ich hatte gearbeitet, alles mitgemacht, aber gelernt hatte ich nichts.

«Wenn du eine Stelle antrittst draussen, dann sag immer gleich, dass du drei Jahre hier gewesen bist, das ist das beste. Dann wissen die Leute auch gleich, mit wem sie es zu tun haben. Verheimlichst du es und sie kommen dahinter, dann hast du keine Chance.»

Das war der Rat des Direktors.

Die Zöglinge schauten an mir vorbei. Für sie war ich schon nicht mehr da. Den, der entlassen wurde, hasste man beinahe.

Am folgenden Morgen stand ich nicht mit den andern auf. Ich machte mein Bett nicht mehr.

Den alten Segeltuchkoffer hatte ich am Abend gepackt. Er war leicht. Nur ein einziges Hemd, ein Paar Socken und ein Überkleid waren darin. Ich trug ihn in den Schuhraum hinunter und rauchte eine Zigarette. Ich trug ein Paar zu lange Hosen, die ich noch von Speich hatte. Jene, die ich am 1. August vor drei Jahren getragen hatte.

Ich ging als Letzter in den Speisesaal.

«Wenn der Herr Oberholzer ein bisschen schneller machen würde, dann könnten wir essen», sagte Kümin mit der Kelle in der Hand.

Ich setzte mich an meinen Platz. Am Brotkorb lehnte ein Täfelchen:

«Bernie Oberholzer,

Alles Gute im Leben draussen.»

Während der Recherchen zu ihrem Dokumentarfilm «Turi» gelingt es der Filmemacherin Lotty Wohlwend 2003, das Schicksal der im Jahr 1906 geborenen Elsa Klara Honegger zu klären.

Elsa, Arthur Honeggers Mutter, stirbt 2001 im hohen Alter von 95 Jahren in Genf.

So erfährt ihr einziger Sohn ein Jahr vor seinem 80. Geburtstag die volle Wahrheit über seine Herkunft.

Er schreibt seiner ihm unbekannt gebliebenen Mutter den einzigen Brief.

Liebe Elsa

Du warst meine Mutter. Ich weiss das erst seit ein paar Wochen. Es hat mich berührt und erstaunt. Erstaunt, weil ich mir nie vorstellen konnte, dich jemals auf einem Bild zu sehen. Berührt, weil ich erfahren habe, dass du nicht das warst, was man mir jahrelang vorgehalten hat: du warst keine Hure, wie mir meine Pflegemutter beim morgendlichen Gebet weinend und schluchzend erzählt hat: «Du bist ein Kind der Sünde, deine Mutter ist eine Hure.»

Du hast mich auch nicht ausgesetzt, wie man mir später erzählte, als ich begriff, dass ich nicht mehr den Namen meiner Pflegeeltern tragen durfte – oder sollte. Ich «hiess» während meiner ersten zwölf Lebensjahre Arthur Fischer. Erst in der 1. Klasse der Sekundarschule in Tann-Rüti, als ich meine Französischhefte anschrieb, sagte Lehrer Egli zu mir: «Hör auf mit dem Fischer. Du heisst Arthur Honegger.» Ich war erstaunt und fragte: «Warum denn?» Egli schaute mich an. «Weil du eben Honegger heisst. Ich kann es dir nicht sagen. Frag deinen Vormund. Herr Jucker wird es dir erklären.» Ich brauchte ein paar Tage, bis ich es wagte, zu Herrn Jucker zu gehen. Er starrte mich an. Seine kurzsichtigen Augen ruhten auf mir wie auf einem Verurteilten, als ich ihn fragte: «Warum heisse ich Honegger?» «Es ist nicht einfach, das zu erklären. Am besten, du schreibst einfach Honegger, es ist so in Ordnung.»

«Warum heisse ich nicht mehr Fischer?»

Er sagte nichts. Er wies mit der Hand zur Tür und schrie: «Hau ab, es ist sinnlos, mit dir zu reden. Tu einfach, was man dir sagt. Es ist…, verschwinde einfach.» Ich ging zur Sennhütte. Senn Honegger war dabei, das Milchkessi zu richten.

Es dauerte nicht mehr lange, bis die ersten Bauern die Milch in die Käserei brachten. Ich stand an der Tür und schaute zu.

«Was ist mit dir», fragte er freundlich. Er hob das schwere Kessi zum Waagehaken hoch und hängte es ein. Es schwang leicht hin und her. Ich sah in lange an. Ich wagte nicht zu sagen, dass ich nun plötzlich wie er hiess: Honegger. Vielleicht würde er wütend, wenn ich es sagte. Vielleicht wollte er es nicht. Er war der Senn, der Käser mit einer Wirtschaft und einem Laden. Er war noch nicht lange verheiratet. Noch hatte er keine Kinder. Ich war nur ein Pflegekind. Er kam zur Tür und pflanzte sich vor mir auf. «Du hast doch etwas, warum weinst du denn?»

«Sie werden wütend, wenn ich es sage», begann ich, und plötzlich hatte ich Angst.

«Los, heraus damit. Was hast du angestellt?» Er stemmte die starken Arme in die Hüften und spreizte die Beine. «Los, sag's schon, ich werde dich nicht verraten. Du weisst es. Ich halte immer zu dir. Also?»

«Ich heisse Arthur Honegger. Warum weiss ich nicht.»

Er lachte so laut, dass Frau Von Arb aus dem Laden vis-à-vis kam und zu uns herüberschaute. «Was lachst du denn so, Gottfried?»

«Geht dich nichts an.» Er winkte ihr, sie solle verschwinden. Dann wandte er sich zu mir. «Das weiss ich schon lange. Es ist doch nicht so schlimm, oder?» Er schlug mir auf die Schulter, ich sackte beinahe zusammen. «Mach dir nichts draus, Honegger ist ein schöner Name.» Er schwieg, drehte sich um und ging zum Milchkessi. Er schaute zurück und brüllte: «Oder etwa nicht?» Ich rannte heimwärts. Bei der Felsenburg besann ich mich anders und ging zur Scheune. Ich rief nach Ernst. Ich pfiff zweimal. Er kam aus dem Stall. Drinnen fluchte sein Vater mit den Kühen herum.

«Was willst du?» fragte er. Ernst sah aus wie ein Erwachsener, auch wenn er noch klein und eher zart gebaut war.

«Ich heisse Honegger», sagte ich unsicher, aber doch ein

wenig stolz, weil Senn Honegger gesagt hatte, das sei doch auch ein schöner Name. Ernst grinste. «Was? Wie heisst du?»

Ich wiederholte meinen neuen Namen. Er lachte so laut und blöd, dass ich ihn stehen liess und nach Hause rannte. Mutter schaute mich aus ihren halbblinden Augen an. «Was ist mit dir?»

Ich hatte keine Ahnung, wie ich es ihr sagen sollte. Ich druckste herum. Sie sagte: «Was ist passiert? Hat man dich aus der Schule geworfen? Sag's schon.»

Ich ging in die Stube und setzte mich an den Tisch. Mein neuer Name surrte durch meinen Kopf, ich wiederholte ihn lautlos. Ich wunderte mich immer mehr, weil ich nicht verstand, wie man plötzlich anders heissen konnte. Ich ging hinaus, schlich leise an der Küche vorbei, wo Mutter das Abendessen bereitmachte. Sie kochte Kaffee und Milch. Ein frischer Laib Brot lag auf dem Küchentisch. Es duftete gut. Ich spürte Hunger. Ich ging in den Schopf zu den Kaninchen und erzählte ihnen von meinem neuen Namen. Ich hörte Othmar nicht kommen. Er trat in den Schopf. Sein Gesicht war schwarz von der Arbeit in der Maschinenfabrik. «Was hast du?» fragte er.

«Ich habe einen neuen Namen», sagte ich.

«Wie heisst du denn jetzt?»

Ich sagte es. Er lachte und ging ins Haus. Beim Essen sprachen wir darüber. Papa sagte fast nichts. Mama versuchte es herunterzuspielen: «Es ist gar nicht so wichtig, wie man heisst. Sei froh, dass du bis jetzt heissen durftest wie wir. Jetzt musst du schauen, dass du einen guten Namen haben wirst. Der liebe Gott wird dir schon helfen dabei. Und erzähl nie etwas von deiner Mutter. Du weisst, was sie ist. Sie ist eine…»

«Hör auf, es ist genug», sagte Papa. Später ging er ohne Gruss aus dem Haus. Er kam erst spät in der Nacht wieder nach Hause. Ich war noch wach, als er den Schlüssel ins Schloss steckte und die Haustür aufschloss.

Ich gewöhnte mich an den Namen. Meine Freunde und die

Mädchen interessierte es nicht. Nur der Lehrer achtete darauf, dass ich meine Hefte immer mit meinem neuen Namen anschrieb. Tat ich es nicht, erhielt ich eine Strafaufgabe.

Es war nicht einfach, plötzlich zu wissen, dass alles anders war. Ich habe immer und überall erklärt, dass ich ein «Findelkind» sei. Schon damals, als ich bei den Pflegeeltern war, hat mein Vormund gesagt: «Deine Mutter hat dich nicht gewollt. Sie hat dich heimlich geboren und einfach ausgesetzt. Sei froh, dass dich jemand gefunden hat, sonst wärst du elendiglich eingegangen.» Ich verstand ihn noch nicht, als er es das erste Mal sagte. Ich konnte mir nicht vorstellen, wie eine Frau ein Kind bekommt. Ganz allein und ohne Hilfe. Ich war zu klein. Unsere Nachbarin, die fröhliche Sonntagsschullehrerin, hatte einen grossen Bauch. Mutter sagte einmal: «Das wäre wirklich nicht nötig gewesen, dass sie noch einmal ein Kind bekommt. Fritz ist schwer krank und jetzt kommt noch ein Kind. Wie machen die das nur?» Doch die Sonntagsschullehrerin freute sich auf ihr Kind. Es war ein Bub. Sie tauften ihn Kurt, und alle freuten sich über Kurtchen. Er sah herzig aus, als sie ihn tauften. Wir waren alle dabei in der Kirche.

Nur wenig später starb sein Vater Fritz. Es war kurz nach Ostern. Ich war sehr traurig.

Es tut mir leid, dass ich erzählt habe, du hättest mich weggeworfen. Ich weiss jetzt, dass du in einer Notlage warst. Dass dein Vater dir nicht helfen konnte, weil seine Frau, also deine Mutter, kurz zuvor gestorben war. Darum hat man dir das Kind ein paar Tage nach der Geburt weggenommen. Sie brachten mich ins Waisenhaus Tempelacker in St. Gallen. Und dich? Was haben sie mit dir gemacht? Ich weiss es, aber das ist eine andere, deine Geschichte, und sie ändert nichts daran, dass sie alle mich belogen haben. Es hat ihnen nie leid getan, mich belogen zu haben. Ich weiss jetzt, dass du und dein Vater um mich gekämpft haben. Ich erinnere mich gut an jenen Tag, als dein Vater, mein Grossvater, mich besucht hat. Ich war erst etwa drei Jahre alt. «Ich bin dein Grossvater», sagte er freundlich und gab mir eine Schokolade und einen Zweifränkler. Doch Mama versuchte ihn wegzuschicken. «Verschwinden Sie! Was wollen Sie von dem Buben? Gehen Sie endlich!» Sie liess meinen Vormund kommen, und gemeinsam jagten sie ihn weg. Er sagte – ich erinnere mich sehr gut – freundlich: «Ich will ja nur das Büblein besuchen. Schliesslich gehört es doch uns!» Mein Vormund reagierte sehr wütend. Später sagte er zu mir, mein Grossvater sei im Zuchthaus gewesen. So haben sie mich immer belogen und betrogen, Elsa. Sie haben dich und mich belogen und betrogen. Sie haben mir nie gesagt, dass du geheiratet hast. Sie haben mir nie gesagt, dass du in Lausanne wohntest. Zu mir sagten sie, du seist in Zürich und in Genf auf den Strich gegangen. Was konnte ich dagegen tun? Sie haben nie gewollt, dass ich in deiner Familie leben durfte. Heute weiss ich, dass du eine gute, engagierte Frau warst, dass du sehr viel für meinen Grossvater und seine Familie getan hast.

Jetzt, da ich weiss, dass du mir jeweils auf Weihnachten ein Päckli geschickt hast; sie aber sagten, dass es von Tante Irma sei, bin ich sehr traurig, dass du nicht einfach gekommen bist und mich geholt hast. Warum blieb es beim einzigen Versuch, als mein Grossvater auftauchte und mich doch eigentlich mitnehmen wollte, wie die Akten zeigen? Warum bist du nicht selbst gekommen und hast mich geholt?

Manchmal denke ich, vielleicht musste es so sein, so wie es war. Dabei hätten wir noch viele Jahre zusammen gehabt. Du bist erst vor vier Jahren gestorben, Elsa. Erst vor vier Jahren. Im Alter von 95 Jahren. Ich hätte dich besuchen können. Ich hätte dir erzählen können, was die mit mir gemacht haben all die Jahre, als ich heranwuchs und auch ein Mensch sein wollte. Ich hatte Sehnsüchte, Wünsche, Träume, die du mir vielleicht hättest erfüllen können, Elsa. Ich konnte sie nicht verwirklichen, weil die Mächtigen in meinem Leben es *nicht wollten. Sie schickten mir einen Ruf voraus, der alle meine Chancen zerstörte. Als ich in der Arbeitserziehungsanstalt Uitikon war, musste ich zur militärischen Aushebung ins Sihlhölzli in Zürich. Ich gab ein Kuvert ab, in dem meine Personalien standen, so auch, dass mein Vater «unbekannt» sei. Aber das genügte ihnen nicht. Da stand sozusagen als Titel über den erforderlichen Angaben, unter Typ: «arbeitsscheu und liederlich». Ich war also schon abgestempelt. Die Offiziere nahmen mich trotzdem – es war mitten im Krieg, 1942. Da brauchten sie noch jeden. Auch mich. Nur: die Unteroffiziersschule, die durfte ich nicht machen.*

Ja, Elsa. Schade, dass wir uns nicht gekannt haben. Dass du mich nicht und ich dich nicht gekannt habe. Ich hätte damals gerne gewusst, wer mein Vater war. Jetzt weiss ich auch das. Ich hätte gerne gewusst, von wem ich meine Fröhlichkeit habe, von wem ich die Sehnsucht mitbekommen habe, Schauspieler zu werden. Ich hätte gerne gewusst, warum ich eigentlich doch noch gut zurecht gekommen bin und alle Widrigkeiten schnell vergessen konnte. Warum ich immer das Neue, das Schöne suchte, und bei vielen Menschen bis in meine nun schon «reifen» Jahre immer wieder, und aufs Neue gefunden habe. Darum brauche ich dir nichts zu verzeihen. Es ist alles gut.

Dein Arthur